# O POVO DE HITLER

A nazificação da Alemanha

Consulte nosso catálogo completo e últimos lançamentos em **www.editoracontexto.com.br**.

# O POVO DE HITLER

## A nazificação da Alemanha

Vinícius Liebel

editoracontexto

*Foto de capa*
Bundesarchiv, Bild 137-004055 / CC-BY-SA 3.0

*Montagem de capa e diagramação*
Gustavo S. Vilas Boas

*Coordenação de textos*
Carla Bassanezi Pinsky

*Preparação de textos*
Lilian Aquino

*Revisão*
Bia Mendes

Dados Internacionais de Catalogação na Publicação (CIP)

Liebel, Vinícius
O povo de Hitler : a nazificação da Alemanha/
Vinícius Liebel. – São Paulo : Contexto, 2025.
256 p. : il.

ISBN 978-65-5541-583-4

1. Nazismo – História 2. Alemanha – História – 1933-1945
I. Título

25-4396 CDD 943.08

Angélica Ilacqua – Bibliotecária – CRB-8/7057

Índice para catálogo sistemático:
1. Nazismo – História

2025

EDITORA CONTEXTO
Diretor editorial: *Jaime Pinsky*

Rua Dr. José Elias, 520 – Alto da Lapa
05083-030 – São Paulo – SP
PABX: (11) 3832 5838
contato@editoracontexto.com.br
www.editoracontexto.com.br

# Sumário

# O QUE (AINDA) HÁ PARA FALAR SOBRE NAZISMO?

Afinal, o nazismo não é só um dos temas mais estudados no mundo pelos historiadores, mas é também um fenômeno cultural de massas, gerando filmes, seriados, documentários e livros de ficção. Nem sempre a abundância de pesquisas e de materiais disponíveis resulta em produtos com respaldo historiográfico, e não é incomum, ao assistirmos a um filme com uma narrativa envolvendo nazismo, pensarmos: mas será que isso ocorreu mesmo? Será que isso seria possível?

Essa hiperexposição faz com que nos sintamos informados sobre o tema, com dados suficientes para compreender o fenômeno. De certa forma, a impressão é de que o nazismo não foi, não está no passado, mas é permanente. Sua ascensão é contada todos os dias, seus crimes denunciados, seus líderes estudados. Os 12 anos de duração do regime nazista se mantêm presentes, de múltiplas formas, em nossa cultura popular globalizada. Séries documentais anunciam o "olhar definitivo" sobre as mais diferentes temáticas: os ajudantes de Hitler, os tanques de guerra nazistas, os campos de extermínio, as grandes batalhas da Segunda Guerra. Séries ficcionais buscam histórias sobre refugiados, opositores, artistas que viveram durante o Terceiro Reich, com mensagens edificantes e de denúncia. Os nazistas continuam presentes e, de certa forma, ainda são populares.

Toda essa exibição visual do nazismo não garante, contudo, conhecimento sobre o tema. Tratamos aqui de um assunto que gera curiosidade, medo, espanto e que é visto como uma espécie de pináculo da violência. Nesse cenário, temos dois caminhos que se afastam do conhecimento: uma vulgarização do nazismo, que o leva a um *status* de senso comum, algo que todos sabem em geral do que se trata, o que, pode-se dizer, normaliza sua percepção, e uma mitificação do nazismo, que o eleva a uma posição simbólica de ultraviolência que, por um lado, indica uma impossibilidade de compreensão do fenômeno e, por outro, torna-o uma representação automática do antagonismo, uma alegoria da revolta cuja estética indica, ao primeiro olhar, uma refutação (violenta) da sociedade. Portar uma suástica no braço se torna uma declaração de contestação total dos valores, das dinâmicas ou das relações sociais, e aquele que veste o símbolo nazista pode nem sequer conhecer ou entender o nazismo, mas busca, através dele e em sua ignorância, expressar uma revolta.

Nos últimos anos ainda temos visto outro fenômeno, ligado às redes sociais e associado de forma inerente às gerações Y (nascidos na década de 1990) e Z (nascidos na década de 2000), que transforma o nazismo e seus líderes em elementos de humor cotidiano, na produção de "memes" ou de "figurinhas" de WhatsApp. Nesse processo, a história do nazismo passa a ser objeto de gracejos, as violências e ideias ligadas à sua ideologia são abrandadas e sua presença (ideológica, estética) é normalizada. Esse fenômeno ainda vem acompanhado de produções cinematográficas (como a comédia alemã *Minha quase verdadeira História*, de 2007) e literárias (como o livro de Timur Vermes, *Ele está de volta*, de 2014), que têm na sátira por vezes escrachada de Hitler e seus asseclas suas bases narrativas. O que assistimos então é um distanciamento do peso da memória e da gravidade da história em favor de um uso acrítico e humorístico das imagens nazistas, suavizando, por fim, o senso comum sobre o nazismo.

É aqui que se evidencia a necessidade constante de se falar (e se escrever) sobre o nazismo. Em primeiro lugar, é preciso conectar toda essa visualidade – que ganha ares de abstração em muitos momentos – ao conhecimento histórico e historiográfico. Perceber que representações tão díspares quanto o carregado drama *A Lista de Schindler* e a fábula cômica *A Vida é Bela* se baseiam em um mesmo evento histórico, e que nenhuma delas é um documento totalmente fiel àquele contexto. Não apenas saber nomear seus principais líderes, ou traduzir em datas as etapas de sua ascensão ao poder na Alemanha, mas entender o que defendiam os nazistas, sobre que bases sua ideologia foi construída. Mais do que isso, é necessário compreender o nazismo como uma experiência histórica, analisar criticamente as vivências que se mostravam possíveis naquele contexto, as culturas que conviviam ou que se adaptaram ao regime.

Um processo que busque não só o conhecimento, mas também a compreensão crítica daquele contexto envolve uma necessária mudança de olhar – ou, melhor dizendo, uma complementação do olhar. A experiência do nazismo não é acessada apenas pelas estruturas do Estado totalitário que foi organizado pela letra fria das leis e da ideologia que os nazistas propagaram, mas também pelas vivências cotidianas, pelas emoções, pelas ações do dia a dia. Ou seja, pelo que podia ser considerado "normal" naquela conjuntura.

Ao atentarmos para esses aspectos, abrimos o leque de elementos observáveis e nos deparamos com experiências plurais. Se é verdade que o fanatismo esteve ligado ao movimento nazista desde seus primórdios, produzindo seguidores fervorosos que tinham na violência seu modo primeiro de ação no mundo, houve também resistências, violentas e não violentas, de grupos e indivíduos que se opuseram à ascensão dos nazistas ao poder. Mas mais do que isso, houve uma grande parcela de alemães que conviveram com os nazistas sem vivenciarem confrontos ou sofrerem perseguições, que conseguiram manter certa normalidade em seu cotidiano ou que se adaptaram rapidamente à nova realidade. Sendo uma ditadura racial, é claro que essa possível "normalidade" estava reservada apenas àqueles que se enquadravam na definição de "arianos" produzida pelos nazistas, mas dentro desse grupo, pelo menos até a guerra chegar em território alemão, a vida podia se mostrar bastante trivial. Essa dimensão da normalidade cotidiana receberá atenção neste livro.

É importante salientar sempre, entretanto, que abordar e evidenciar essa dimensão da experiência nazista não significa negar ou diminuir a brutalidade de sua ideologia, de suas instituições e de suas ações. Com grande frequência historiadores que lidam com ditaduras e regimes autoritários ou totalitários e que focam suas pesquisas nesses aspectos cotidianos acabam por minimizar, de forma intencional ou não, a violência empregada por esses regimes contra suas populações. Isso é um erro. Não há como contornar a violência da estrutura ou a brutalidade das ações e da ideologia nazistas. Focar as atenções no cotidiano revela dinâmicas muito próprias, as emoções vivenciadas no dia a dia, as trocas intersubjetivas para além das estruturas ou mesmo no interior delas, as relações dos alemães para com seus semelhantes, com as ideias que circulavam e com aqueles que se encontravam no controle daquele regime. Mas justamente por abrir espaço para esses elementos é que, por vezes, a violência envolvida parece relativizada, uma vez que ela precisa ser assimilada na percepção de normalidade. Em suma: as dinâmicas violentas são incorporadas no cotidiano e se tornam "o novo normal", possibilitando que indivíduos e grupos sociais coexistam com os nazistas, aceitando o novo contexto e vivendo suas vidas "da melhor forma possível". Essa realidade atinge pessoas diferentes de formas variadas, e é justamente na necessidade ou não de se adaptar, bem como nos variados graus de sucesso nessa adaptação, que encontramos a experiência mais essencial dos cidadãos alemães durante o regime nazista.

Crianças, mulheres, judeus, homossexuais, jovens, trabalhadores, militares, idosos; cada categoria social pode ser observada em suas dinâmicas próprias durante todo o período do Terceiro Reich e encontraremos diferentes vivências naqueles anos. Tal variedade gera também memórias diferentes sobre o regime, sobre o envolvimento de cada um com seus crimes e com a violência que lhe era central. Ainda que grande parte da população alemã não participasse diretamente dos atos criminosos e violentos dos nazistas, nas ações cotidianas podemos encontrar negociações constantes entre os indivíduos e o regime. Isso faz com que, por vezes, um único indivíduo pudesse demonstrar apoio irrestrito à ditadura em um ambiente, mas, em outro, descontentamento ou mesmo alguma resistência. Essa variação de atitudes e de posicionamentos podia ocorrer inclusive em um mesmo dia de um indivíduo, a depender do ambiente em que ele se encontrava, das pessoas com quem conversava ou do grau de repressão e vigilância que acreditava estar sendo alvo na ocasião. Em suma, são as ambivalências e adaptações desenvolvidas pelos indivíduos em sua relação com as estruturas repressoras da ditadura. Para compreendermos essa disposição é necessário que tomemos a dominação como uma prática social na qual diferentes elementos, atores e contextos determinam variáveis que podem mudar as relações de poder em cada momento.

Ao mesmo tempo, os resultados que a ditadura nazista alcançou nos primeiros anos, em especial no campo do emprego e da representação internacional, levou a uma acomodação e, pode-se dizer que, a partir de 1936, a um consenso sobre o regime. Isso quer dizer que a população aceitou conviver com a repressão, a censura, a violência e a vigilância por acreditar que, naquele momento, a ditadura estava entregando o que prometia. Nesse processo, a "normalidade" do dia a dia pode ser acompanhada de uma complexa relação de sentimentos e silenciamentos em busca de um "bem-viver", ou seja, aqueles que não são nem ideologicamente nazistas, nem seus opositores contumazes, podem desenvolver estratégias e negociações para viverem com a liberdade possível e longe de problemas. Uma das formas mais comuns de lidar com o regime era aceitar participar de atividades promovidas pelas organizações estatais ou partidárias, para que os olhares desconfiados não recaíssem sobre si ou para conseguir alguma espécie de vantagem naquele ambiente. Se o contexto parece favorável, fica mais fácil aceitar a ditadura, especialmente quando não se está nos grupos sobre os quais a vigilância e a repressão incidem de forma mais dura. Ao aceitar conviver com todos esses elementos, possibilitando a continuidade e o aprofundamento das violências, das perseguições e, por fim, do genocídio, toda a população alemã se torna cúmplice e responsável pelo nazismo – ainda que nem todos os alemães fossem adeptos e apoiadores de sua ideologia. Essa é uma dinâmica que está no centro da sociedade alemã do período.

Este livro não tratará da Segunda Guerra Mundial, ou mesmo da relação dos nazistas com as populações dos territórios ocupados. O que nos interessa aqui são as respostas que o regime obteve do próprio povo alemão, ou seja, a forma como a população alemã se relacionou e, em certo sentido, se ajustou à brutal violência do regime nazista. A repressão total e absoluta de toda a população é impossível, a doutrinação completa também. Mas o apoio, ou, ao menos, o consentimento da maioria da população a um regime autoritário, é uma possibilidade mais realista. Tal percepção complexifica a busca por culpados nesses sistemas, uma vez que nem todos participaram da repressão, da perseguição e dos crimes cometidos no regime, mas toda a sociedade pode ser implicada e responsabilizada por sua continuidade. Nas discussões historiográficas sobre o regime nazista, são várias as vozes que ponderam sobre a perda da individualidade e da capacidade de reflexão que o sistema produz, sobre a massificação da sociedade e sobre o farol ideológico que guiava a população. Menos constantes são aquelas que apontam para as ações cotidianas e para a responsabilidade que todos aqueles indivíduos tiveram pela manutenção do regime e de seus crimes. Todas essas abordagens, entretanto, são importantes, e o olhar do historiador deve se voltar para o mosaico múltiplo e intrincado que elas acabam por formar. O nazismo se mostra, portanto, muito mais complexo. Este livro busca olhar criticamente para tudo o que formou a vida nazificada, das estruturas de repressão e ideológicas às dinâmicas cotidianas entre os alemães. Observa a experiência nazista em seu conjunto, do aparato do regime às experiências ordinárias, para chegar a uma apreensão mais global do fenômeno e responder, com mais fundamentação, à pergunta que continua a pairar: como foi possível?

# O NAZISMO NO CAMPO DAS IDEIAS

Não há como separar a experiência nazista de sua ideologia. O fenômeno histórico do nazismo encontrou, em seu contexto, ampla possibilidade de desenvolvimento e pôde implementar suas premissas e resoluções em larga escala, em um espaço de tempo de apenas 12 anos. Mais do que isso, o regime nazista teve o cuidado de não se abrir, agarrando-se a alguns elementos ideológicos que, ainda que de forma flexível quando necessário, possibilitaram certa estabilidade, tanto em termos doutrinários quanto em termos decisórios. Em outras palavras, os nazistas estruturaram uma visão de mundo através de conceitos e imagens que se tornaram determinantes para nortear a ação de alemães no período e para compreender o contexto de seu regime.

Nesse sentido, é importante fornecer uma definição antes de analisar sua estruturação ideológica e sua organização para a ação. Afinal, o que é o nazismo? Em termos diretos, o nazismo é uma ideologia de extrema direita que se pautou no racismo, no antissemitismo, no nacionalismo, no combate ao liberalismo, ao comunismo e ao capitalismo para angariar adeptos e ascender ao poder. É um fenômeno historicamente fundado na Alemanha que, uma vez chegando ao poder, reprimiu sua própria população em nome desses pilares ideológicos. Em um segundo momento, esses mesmos pilares levaram o país a um expansionismo imperialista e, como consequência, à guerra. Como base institucional, o nazismo se ancorava no Partido Nacional-Socialista dos Trabalhadores Alemães (NSDAP), fundado em 1919 como um dos vários partidos que surgem na Alemanha após a Primeira Guerra Mundial, em meio às crises econômicas e políticas que se seguiram ao conflito. Com a ascensão dos nazistas na Alemanha, a ideologia ganha força também em outros lugares, tendo expressões em vários países que possuíam comunidades germânicas, inclusive o Brasil. Este capítulo se dedica a desmontar e esclarecer os elementos ideológicos que compõem sua base, dando um panorama daquilo que perpassa todo o processo histórico do nazismo, de seu surgimento até sua queda, em 1945.

Ao analisarmos o nazismo como um fenômeno de massas, fica claro que a exposição à ideologia – e, principalmente, sua aceitação – era variável de indivíduo para indivíduo. A metáfora utilizada por Hannah Arendt para ilustrar esse processo de organização é a da cebola, que mostra várias camadas quando cortada ao meio. No centro, a menor camada é a da cúpula dirigente e ideológica, ou seja, de Hitler e de seus asseclas mais próximos. São eles que projetam a ideologia em suas aparições e ações, em seus discursos e em seus escritos. É a partir de suas palavras que a maioria da população apreende os ideais nazistas, em especial palavras de ordem e slogans que sugerem, em pequenas doses, a linha diretriz do nazismo. Em seguida, na segunda camada, estão as organizações e os militantes de vanguarda, ou seja, plenamente "instruídos" na ideologia e que a vivenciam e propagam para os demais militantes. Mas, conforme a distância para o centro da "cebola" aumenta, aumenta também o tamanho da camada, ou seja, um maior número de indivíduos, mas diminui a apreensão da ideologia e a identificação do indivíduo com ela. Nesse modelo, camadas cada vez maiores de pessoas orbitam em torno do Führer (líder), mas a intensidade da militância diminui quanto mais essas pessoas se encontrarem afastadas do "centro ideológico". Aplicando esse modelo para além da estrutura do partido e do Estado nazistas, chega-se até o cidadão comum, que entra em contato com a ideologia nazista não por seus canais "oficiais", mas pelos meios de comunicação mais difundidos no período e dominados pela propaganda.

No dia a dia, essa difusão ocorria na leitura de jornais, em cartazes de propaganda que eram colocados em postes e paredes nas ruas, nas conversas com militantes e simpatizantes ou em programas de rádio. Ela ganhava ares de solenidade nas pequenas e grandes festividades que marcavam a vida dos cidadãos – uma partida de futebol, uma feira de Natal ou uma celebração pelo Dia do Trabalhador, entre inúmeros outros eventos. A cada reunião pública, existia uma autoridade ligada ao partido nazista presente para proferir uma fala. E o momento ganhava uma aura de sacerdócio, não só por passar a mensagem de uma "liturgia" secular aos ouvintes, mas também por demarcar uma dupla presença dos nazistas: física, com o representante que falava ao público, e simbólica, reforçando uma autorização do regime àquele evento ou encontro de cidadãos. Possíveis representantes para a transmissão das mensagens não faltavam: em 1933, antes da ascensão do partido ao poder, contavam cerca de 720 mil membros registrados no partido; após a chegada ao poder, esse número subiu para 2,5 milhões. Mas, além da grande quantidade de filiados, uma linha de lideranças era preparada para tais momentos. Ainda que os membros da alta cúpula nazista (para além do próprio Hitler) fossem os mais requisitados, o partido tinha uma estrutura que, em muitas cidades, indicava líderes até mesmo para bairros ou conjunto de quadras. Isso mostra que sempre haveria alguém legitimado pelo partido para agir, falar com os cidadãos e assumir o papel de mensageiro da ideologia nazista.

## "ALEMANHA, DESPERTE!"

O simbolismo ganhava ainda mais espaço nas grandes manifestações e cerimônias nazistas, que buscavam atribuir imagens a princípios basilares da ideologia. Alguns desses eventos entraram para a História como grandes espetáculos. Um deles foi a marcha com tochas da noite de 30 de janeiro de 1933, quando Hitler assumiu a chancelaria, ritual que voltou a ser repetido em diversas ocasiões, em várias das cidades e vilas alemãs. Em desfiles como esse, existia um apelo a um passado tribal em que o fogo que quebra a escuridão era usado para evocar um medo ancestral em relação à noite e apresentar a luz de uma nova era pelas mãos dos nazistas, ressoando um dos slogans mais utilizados por eles durante a República de Weimar, "*Deutschland, erwache!*" ( "Alemanha, desperte!").

Por que os nazistas acusavam os alemães de estarem dormindo? Qual era afinal a situação que os nazistas denunciavam com esse slogan e à qual se fazia referência nessa ritualística? Essa resposta fica clara em uma música composta por um nazista de primeira hora, Dietrich Eckart, que trazia o slogan em seu título e que costumava ser cantada nas reuniões nazistas, tanto as oficiais quanto as informais, em restaurantes, em cervejarias e também nas ruas. Nela, os primeiros versos conclamavam:

*Toquem os sinos de todas as torres,*
*Toquem até que faíscas lampejem*
*Parece que Judas tomou o império*
*Toquem até que as cordas de sangue gotejem*
*Fogo, tortura e morte nos envolvem*
*Toquem forte, para que a terra se levante*
*Sob o trovão da vingança salvadora*
*Pobre do povo que hoje ainda sonha*
*Desperte, Alemanha, desperte!*

A imagem dos nazistas como arautos do catastrofismo é a primeira a ficar evidente nos versos. O ressoar dos sinos indica um autorreconhecimento dos nazistas como divulgadores de uma visão de mundo que percebia o país envolto em trevas, e os tambores que tocavam em suas manifestações serviam como sinos que precediam o anúncio de sua mensagem.

Ao cantarem essa e outras músicas semelhantes, os militantes demonstravam seu nacionalismo, declaravam-se defensores da Alemanha e conclamavam outros a se juntarem a eles em uma luta de libertação ou, como o vocabulário utilizado por eles indicava, uma "luta revolucionária". Ou seja, a visão de mundo nazista indica uma necessidade de renovação a partir de uma avaliação extremamente negativa sobre a conjuntura em que viviam os alemães no período anterior à ascensão do NSDAP. Nessa visão, a destruição da nação está praticamente consolidada, e sua salvação precisa vir de um renascimento revolucionário. Sua narrativa gira em torno do uso indiscriminado da violência verbal e física contra os adversários, prometendo sempre uma idade de ouro no futuro e jogando com lembranças de glórias passadas. Imagens como essas eram presença constante na propaganda nazista, construindo uma mitologia própria do movimento que ajudaria a arregimentar parte da opinião pública durante o Terceiro Reich.

Por volta de 1936, a visão nacionalista que indica um renascimento da nação a partir de sua decadência será mobilizada na construção de um consenso na população sobre o regime nazista: uma memória recente de crises nos anos anteriores era confrontada com uma nova imagem que o mundo tinha sobre a Alemanha e que os alemães tinham de si mesmos. Boa parte da população podia entender que o país estava renascendo das cinzas e que um novo momento (uma idade de ouro) se iniciava para o povo alemão. Não era preciso ser um militante fanático para observar, como publicado na matéria da *Revista Time* elegendo Hitler "o homem do ano" de 1938, que "o que Adolf Hitler e cia. fizeram com a Alemanha em menos de seis anos foi aplaudido de forma veemente e extasiada pela maioria dos alemães. Ele tirou a nação do derrotismo do pós-guerra. Sob a suástica, a Alemanha foi unificada".

Na imagem de um mundo em ruínas, a partir de uma visão paranoica que vê inimigos por todas as partes e que assume uma missão de salvamento do país, encontramos um reflexo do contexto alemão do período entreguerras. Além da derrota do país na Primeira Guerra Mundial, da imposição de pesadas multas na assinatura do Tratado de Versalhes e do sentimento de humilhação que a população introjetou a partir do episódio (e que impulsionaram o revanchismo e o militarismo alemães), é preciso também destacar as crises econômicas e políticas, o alto número de desempregados (em 1932, um ano antes da ascensão nazista, contavam-se 5,5 milhões em uma população de cerca de 65 milhões), a inflação e o medo dos inimigos externos e internos: as potências estrangeiras, os judeus e os comunistas. Nesse cenário, uma relação muito específica com a ideia de autoridade é construída pelos nazistas. A busca por um Führer (líder) que pudesse colocar o povo alemão em um caminho de prosperidade, para retomar uma posição de destaque no mundo, indica não apenas certo desamparo frente às crises que se impuseram sobre a Alemanha após a Primeira Guerra Mundial, mas também uma tentativa de passar a responsabilidade pelo seu destino para as mãos de outra pessoa. O medo das consequências da liberdade de ação e de decisão, como definiu Erich Fromm, pode levar indivíduos a depositarem suas vidas nas mãos de líderes que prometem soluções para suas frustrações. Essa tendência dialoga diretamente com a percepção que se alastrava pelo mundo de que o sistema liberal democrático e parlamentar estava em declínio. Muito se falava da incapacidade dos republicanos e liberais de tomarem decisões que pudessem tirar o país da crise: enquanto eles discutiam todos os aspectos dos problemas existentes, os mesmos problemas continuavam a engolir a vida das pessoas. Discursos sem fim ocorriam no Parlamento, e nenhuma decisão de fato parecia ser tomada. Pelo contrário, os jornais continuavam a noticiar novas crises. Essa sensação de imobilismo fazia com que muitos buscassem alternativas para a política em um perfil autoritário, que acabasse com os debates e trouxesse soluções. É justamente nesse decisionismo que se pauta a construção do mito do Führer.

## UM LÍDER PARA TODOS OS ALEMÃES

A propaganda do NSDAP dedicou grandes esforços para construir uma imagem nesses moldes em torno de Hitler. Desde sua prisão após o fracasso da tentativa de golpe em 1923 até o final do Terceiro Reich, em 1945, sua imagem é gradualmente moldada para servir de farol para a militância e para a população em geral. O líder nazista se projetava como o primeiro nas fileiras do povo, mas também como o mais especial, o mais capacitado e aquele que melhor entendia os anseios da população. O que se reconhece nesse modelo é o princípio do populismo e da liderança carismática. Em uma famosa frase que resume essa dinâmica, Hitler afirmou que "tudo o que vocês (povo alemão) são, o são através de mim, e tudo o que eu sou, sou apenas através de vocês". Com isso ele promovia uma ideia de comunhão quase mágica e definitiva entre o líder e o povo por meio da qual todo entendimento sobre as necessidades e os sentimentos populares era uma prerrogativa do Führer. Esse princípio era reforçado com a popularização gradual da saudação nazista (dizer *Heil Hitler* com o braço direito levantado) nas comunicações e interações diárias dos cidadãos alemães. Todo aquele que a evitasse podia levantar suspeitas por sua recusa em expressar o pertencimento àquela comunidade que comungava da união com o líder. Nessa dinâmica, alguns princípios passam a ser considerados inerentes àquela visão de mundo, como o de que a vontade do líder pode ser traduzida como a vontade do próprio povo, seus julgamentos como a justiça do próprio povo, suas decisões como o destino do povo. O slogan "*Ein Volk, Ein Reich, Ein Führer*" (Um povo, um império, um líder) estava estampado em cartazes de rua pregados nas paredes e nos muros, em faixas estendidas em festividades e mesmo em medalhas cunhadas ou em cartões postais impressos com a efígie de Hitler sobre um mapa do Terceiro Reich – algo particularmente popular após a anexação da Áustria em 1938 e da República Tcheca em 1939. Receber um postal como esse era ser lembrado do decisionismo, do autoritarismo e da liderança carismática, inerentes ao nazismo, mas também do pangermanismo que fazia parte da ideologia nazista.

O pangermanismo, assim como o nacionalismo, não foi uma criação dos nazistas, mas foi encampado em sua visão de mundo. Segundo essa ideologia, os povos de origem germânica espalhados pelos diferentes países europeus deveriam ser reunidos para que uma Grande Alemanha pudesse ser formada, criando um espaço próprio para esse grupo se desenvolver.

Membros do Reichstag (Parlamento Alemão) fazem a saudação nazista em 11 de novembro de 1941 após um discurso de Hitler. Acima, na imagem, a águia nazista: o "animal nacional da Alemanha" carrega a suástica, um dos símbolos mais utilizados pelo Terceiro Reich. (Bundesarchiv, Bild 183-B06275. Heinrich Hoffman)

Durante o século XIX, essa ideia teve diferentes formulações, ora com a Áustria como Estado central da futura Grande Alemanha, ora a Prússia ocupando o posto de liderança. Mesmo depois da Unificação Alemã de 1871, essa ideia continuou sendo acalentada por grupos na Áustria e na Alemanha. Ao final da Primeira Guerra Mundial, com a derrota de alemães e austríacos, houve uma tentativa de unificação dos dois países, frustrada, contudo, pelas potências vencedoras. No entreguerras, o pangermanismo continuava a mover paixões, e alguns grupos políticos pregavam sua realização. Um desses grupos foi justamente o NSDAP, que colocou como primeiro ponto de seu programa partidário a defesa de uma unificação dos povos alemães para a fundação de uma Grande Alemanha, com base no direito de autodeterminação dos povos. Uma vez no poder, tal princípio foi colocado em prática pelos nazistas em sua política externa, começando no processo de *Anschluss*, ou Anexação da Áustria, no ano de 1938. Essa incorporação do país vizinho vem após a imposição de pressões econômicas e militares que levariam os austríacos a aceitarem se submeter aos nazistas com a assinatura do Tratado de Berchtesgaden. O governo austríaco ainda tentou evitá-la, e convocou um referendo para que os austríacos defendessem sua independência, um ato político desesperado também em busca de apoio internacional. Em vão: dias antes do referendo, os alemães invadiram o território austríaco para ratificar sua incorporação ao Reich. Foram recebidos com festa por boa parte da população.

Cartão-postal com a imagem de Hitler sobre o mapa da Alemanha após o *Anschluss*. Na legenda: "13 de março de 1938 – Um povo, um império, um líder". (Deutsches Historisches Museum, PK 2004/577)

O princípio do pangermanismo continuaria guiando a política externa agressiva dos nazistas pelos meses seguintes, quando a região tcheca dos Sudetos e a cidade livre de Danzig (localizada no interior do Estado polonês) foram reivindicadas com base na mesma premissa de reunião e defesa do povo germânico. Da primeira reivindicação, a Alemanha conseguiu a anexação de toda a República Tcheca e transformou a Eslováquia em um país satélite (ou seja, subordinado aos interesses alemães); já a segunda reivindicação encontrou maior resistência das potências aliadas. Com isso, a Alemanha decide invadir a Polônia em 1° de setembro de 1939, dando início à Segunda Guerra Mundial.

## EM BUSCA DE UM ESPAÇO

É importante sublinhar aqui que o pangermanismo está ligado a um princípio de reunião dos povos de origem germânica da Europa em um único Estado, que deveria proporcionar a possibilidade de seus cidadãos garantirem seus interesses frente aos demais países e "raças" do continente. Já a busca por territórios no Leste era justificada por outro elemento da ideologia nazista: a necessidade de conquista de áreas voltadas para a produção, que proporcionassem aos alemães os meios para se desenvolverem. Para sintetizar essa ideia e fundamentar seu expansionismo, os nazistas adotaram o conceito de *Lebensraum* (espaço vital).

A inevitabilidade da busca pelo *Lebensraum* se tornou uma corrente de pensamento na Alemanha em contraponto à noção de imperialismo ultramarino, visão de dominação mais em voga no século XIX entre os Estados europeus. A lógica em torno desse conceito de imperialismo é a de que as potências europeias deveriam se lançar ao mundo (em especial à África e à Ásia) para expandir os territórios sob seu controle, garantindo acesso a novas fontes de matéria-prima, mercados consumidores e aumentando sua influência militar e cultural. Largamente ligado à expansão do liberalismo econômico que ocorria no continente europeu, essa modalidade imperialista teve na França e na Inglaterra seus principais agentes, alavancando a economia dos dois países no período. Sendo fruto de uma unificação tardia, ocorrida apenas em 1871, a Alemanha também reivindicava um lugar nessa dinâmica imperialista, movida principalmente por sua elite industrial e comercial. Entretanto, essa política expansionista em direção ao mundo não encontrou grande ímpeto no interior do Estado alemão, mais preocupado em estabelecer uma rede de alianças e acordos na política diplomática europeia e conter o revanchismo francês, que crescia após a vitória alemã na Guerra Franco-Prussiana. Diante da aparente consumação da inferioridade da situação alemã frente ao imperialismo ultramarino das outras potências europeias, novas formas de expansionismo começaram a ser pensadas na Alemanha.

Na virada para o século XX, o geógrafo Friedrich Ratzel cunhou o termo *Lebensraum* para refletir sobre a relação entre o tamanho do espaço territorial que uma nação ocupa e o seu desenvolvimento. Como boa parte dos estudiosos do período, Ratzel buscou vincular seu conceito com princípios do darwinismo social. Não demorou para que esse conceito se popularizasse, em especial entre os grupos conservadores e da direita *völkisch* (grupos que mesclavam um ultranacionalismo racista com populismo). Os nazistas incorporam esse princípio em sua ideologia e passaram a defender o "direito natural" dos alemães de expandir seu território, para que seu povo pudesse se desenvolver de forma plena e finalmente exercer a superioridade inata à qual, em suas crenças, os alemães eram destinados. A teoria do espaço vital deixa sua marca em praticamente toda a produção literária nazista, desde *Minha luta*, escrito por Hitler durante seu período na prisão, após o fracasso do *Putsch* de 1923, até *O mito do século XX*, de Alfred Rosenberg, considerado um dos principais ideólogos do nazismo. Nela, não é a busca por domínios na África ou na Ásia que surge como solução para a "raça ariana", mas sim uma expansão no próprio continente europeu. Os nazistas defendiam o direito de conquistar terras para sua subsistência e desenvolvimento no Leste Europeu, onde as "raças eslavas", consideradas pelos nazistas como inferiores aos arianos, deveriam dar lugar e servir aos alemães.

É possível, portanto, reconhecer na política exterior do regime nazista dois momentos fundamentais que respondem a princípios de sua ideologia. Até o ano de 1939, é a reunião do povo germânico em um mesmo Estado ou Império que é buscada por meio de ações diplomáticas voltadas ao princípio pangermanista de criação de uma "Grande Alemanha". Isso se materializa nas anexações da Áustria e da República Tcheca, obtidas pela política agressiva do regime nazista em negociações com as demais potências europeias. Já a partir de 1939, o que se verifica é uma guerra de expansão territorial, possibilitando uma política de assentamento de alemães nos territórios ocupados, de acordo com o princípio do *Lebensraum*. Esse processo de assentamento para o desenvolvimento da "raça" é guiado pela orientação *Blut und Boden* (Sangue e Solo), uma percepção própria dos nazistas sobre o trabalhador agrário, a importância da vida rural e da conexão com a terra no provimento da nação. O ímpeto pela ocupação e pela colonização bebeu ainda de um imaginário ligado à literatura de aventuras e de conquista de territórios altamente popular entre crianças e jovens alemães na virada do século XIX e início do século XX, e na arte e literatura do Romantismo. Não se tratava, portanto, apenas de uma política de ocupação e produção, mas também de uma busca ideológica pela ligação com a terra, apresentada em oposição ao mero uso dela, da sua extração ou espoliação. Assim, uma grande diferença entre os modelos imperialistas ultramarinos e a ideologia do *Lebensraum* continental estava em suas justificativas: para os primeiros, a expansão era uma questão essencialmente econômica, voltada para a modernização material do país, ainda que justificada na ideia de "missão civilizadora", enquanto no segundo modelo a justificativa para esse movimento passava por questões culturais, "raciais" e conservadoras, que apontavam para a necessidade de união do sangue com a terra, para que a nação pudesse se desenvolver.

Richard Walther Carré, um dos líderes das políticas agrárias e de ocupação de terras do Reich, discursa em 1937. Ao fundo, a marca da política *Blut und Boden* (Sangue e Solo). (Bundesarchiv, 183-H1215-503-009)

## FORMANDO UMA COMUNIDADE DE ALTO DESEMPENHO

Na base da visão de mundo nazista está uma determinada imagem de povo, que carrega em si características específicas, compartilha certa essência e se destaca perante os outros justamente por tais atributos. Sua qualidade mais fundamental, nessa linha de pensamento, é chamada de germanidade (*Deutschtum*), conceito que pode englobar diferentes aspectos compartilhados, como a cultura, a língua, a forma de encarar a vida, os costumes e a "raça" (o sangue). Refere-se não apenas àqueles indivíduos que estão dentro das fronteiras alemãs, mas a todos os que, segundo os nazistas, pertencem a esse grupo também no exterior. A origem étnica comum fundamenta a ideia de herança compartilhada, considerada determinante para a compreensão de mundo, a inserção desses indivíduos na sociedade e o desenvolvimento de uma espécie de sentimento comum frente ao externo. O princípio racial abre espaço para uma concepção de naturalidade separada da questão da cidadania, ou seja, pode-se projetar a naturalidade alemã para grupos que partilhem dessa dita herança comum e que se encontram em outros países, pois se presume que, além do sangue, compartilhem cultura e uma espécie de solidariedade racial. Já a cidadania está ligada ao Estado e é prerrogativa dele, conferindo um amparo legal a seus membros, permitindo que o Estado alemão se lance à proteção dessa comunidade alargada germânica – como os alemães dos Sudetos ou da cidade de Danzig – e busque a incorporação desses indivíduos (e dos territórios onde vivem), seguindo a premissa da herança germânica e da ideologia do pangermanismo. O mesmo princípio age em sentido contrário, quando o Estado retira a cidadania do escritor Thomas Mann, por exemplo, por ele se opor abertamente ao regime nazista. Não pode, entretanto, retirar sua germanidade – ainda que o declare traidor dessa herança.

Seguindo essa lógica, os nazistas propõem uma cidadania ligada ao pertencimento a uma "comunidade do povo", a uma mesma comunidade racial. A essa comunidade eles dão o nome de *Volksgemeinschaft*. O próprio uso do conceito "comunidade" indica uma aproximação mais sentimental, mais emotiva em relação ao grupo do que a palavra "sociedade", que denotaria um agrupamento mais impessoal e livre de demarcações emocionais. Esses vínculos afetivos amarram, dessa forma, a ideia de pertencimento a uma comunidade racial com os sentimentos ultranacionalistas envolvidos. Fazer parte, portanto, da "comunidade do povo" implica um comprometimento com o coletivo, com um grupo de "iguais" que farão uso de toda sua força, de toda a sua produtividade pelo bem maior dessa sua "raça".

Da compreensão dessa dinâmica emocional e mobilizadora decorrem dois pontos fundamentais para caracterizar a ideologia nazista: o seu antiliberalismo e o seu anticomunismo. O primeiro, mais evidente, liga o liberalismo político com o fracasso da República por dar espaço para a discussão de interesses específicos, para demandas de grupos sociais individualizados, dando vazão a um eterno debate que nem sempre visa ao bem da maioria. Com tais argumentos, a democracia liberal e parlamentar é fortemente combatida pelos nazistas em seus discursos. O dogma nazista liga o liberalismo com o egoísmo, com a preocupação individualista que não trabalha pelo coletivo. As grandes potências liberais do período, em particular os Estados Unidos e a Inglaterra, são caracterizadas pelos nazistas como plutocracias, geridas em nome do lucro constante e da exploração de outros povos e mesmo de seus próprios, em favor do enriquecimento de uma elite. Essa visão do capitalismo internacionalista é um dos fundamentos do ultranacionalismo nazista, visto como uma defesa contra um sistema exploratório. Tais considerações indicam a natureza do anticapitalismo nazista: a propriedade privada e a riqueza não são, por si sós, condenadas pela ideologia, mas elas devem estar atreladas ao trabalho pelo coletivo, em favor da "comunidade do povo" (e, por isso mesmo, podem ser eventualmente confiscadas para melhor usufruto da coletividade). Um industrial pode, e deve, receber os lucros de sua empresa, desde que suas ações tragam prosperidade para a nação e que seus trabalhadores sejam valorizados como membros dessa mesma comunidade. O valor do membro mais apto da comunidade, o do mais trabalhador, o do "gênio", deve ser reconhecido. É o dinheiro especulativo, das bolsas de valores e dos juros abusivos, que é condenado e ligado a uma "prática judaica", da exploração sem trabalho real e sem retorno à comunidade.

Entender esses princípios permite a compreensão de outras camadas dessa ideologia que se relaciona também com a negação da democracia e com o combate ao comunismo. Para os nazistas, a manutenção da propriedade privada entra em conflito com a lógica da democracia, pois a igualdade pressuposta pela democracia aponta para a igualdade de todos os indivíduos naquele sistema, no qual todos têm as mesmas possibilidades, enquanto, para o nazismo, a propriedade privada seria uma resposta (material) para as trajetórias e iniciativas diferentes, para os comportamentos e esforços que cada um dos alemães empreenderia naquela comunidade. Pouco importa que essa argumentação misturasse o campo político com o campo econômico, o que interessava nessa narrativa é que ela, a um só tempo, justificava o autoritarismo e o vinculava com a possibilidade de ganhos e de acumulação de riqueza por aqueles que eram vistos como mais valorosos em suas ações e desempenhos. Em um discurso a um grupo de industriais de Dusseldorf, Hitler deixou clara essa imagem, alegando que seria "um absurdo basear a vida econômica na ideia do rendimento, do valor pessoal, ou seja, praticamente na autoridade da personalidade, e depois negar essa autoridade politicamente, substituindo-a pela lei da maioria, a democracia. Pouco a pouco isso vai criar uma ruptura entre a concepção econômica e a concepção política, e, para superá-la, a primeira terá que se adaptar à segunda".

Percebe-se, nessa argumentação, que o equilíbrio retórico é frágil, mas justifica todas as oposições que os nazistas se propunham: antiliberalismo, antidemocracia, anticomunismo. Em uma "comunidade do povo", não há espaço para uma igualdade entre elementos que são, por natureza, desiguais mesmo que se espere um desempenho superior, visto que a comunidade é baseada em uma "raça superior". A democracia é vista como o domínio político da mediocridade, silenciando a genialidade dos mais aptos da comunidade, enquanto o comunismo é visto como uma injustiça com os mais valorosos, sustentando economicamente os medíocres e menos aptos. Nessa comunidade de desempenho que os nazistas propunham, a igualdade é o ponto de partida dado pelo pertencimento à mesma "raça", e a partir dali os mais valorosos devem demonstrar sua superioridade, trabalhar pela comunidade e ser recompensados por isso.

Com esse enquadramento ideológico, o caráter "nacional-socialista" do movimento e do regime parece se perder, ou ser apenas uma artimanha retórica que visa à sedução dos mais desavisados nacionalistas ou socialistas. Entretanto, é preciso compreender a origem dessa nomenclatura, que é bastante distinta da que embala os socialistas de hoje. Como acontece com frequência na história, os conceitos podem ser disputados, palavras podem ter dois significados ou mais, e a compreensão dos sentidos dados a certas nomenclaturas vai depender da experiência individual, dos saberes acumulados e da conjuntura na qual se estabelecem essas relações. Na Alemanha da primeira metade do século XX, "socialismo" não era um monopólio marxista. Ele habitava também o vocabulário *völkisch*, o dos círculos conservadores revolucionários e de outros grupos nacionalistas, que negavam e confrontavam as ideias sugeridas por Marx, Engels e Lenin. Nesse âmbito, os conceitos de "(nacional) socialismo" e de "vida orgânica da raça" eram debatidos por autores como Ernst Jünger, Paul de Lagarde, Arthur Moeller, Houston S. Chamberlain, Edgar Jung e Oswald Spengler, que nem sempre se alinhavam politicamente aos nazistas, mas encontravam afinidades em alguns conceitos e ideias. Alfred Rosenberg, em seu *O mito do século XX*, indicava, de forma mais ampla, que socialismo seria "uma visão que subordina o individual frente à vontade do coletivo", apontando para a defesa da "alma alemã" frente às agruras do liberalismo. "Socialismo" era visto então como uma cultura ligada à "coletividade da raça", um "instinto político, social e econômico" que se voltaria ao melhor desenvolvimento da comunidade racialmente delimitada, e não uma ideologia ligada à luta de classes, à emancipação dos proletários e à distribuição de riqueza.

Pelo contrário, como os nazistas pregavam, a superação da luta de classes não viria, em sua ideia de socialismo, com uma luta contra a burguesia, mas de uma "solidariedade racial" conectada ao Estado liderado por alguém que incorporasse essa cultura ou esse sentimento de unidade da "raça ariana". O socialismo nazista estava, portanto, baseado em uma visão racista e populista do darwinismo social.

Esse conceito chegou a ser disputado também dentro do próprio partido nazista. Uma ala do NSDAP, sediada em Berlim e ligada aos irmãos Otto e Gregor Strasser e a Goebbels (que mais tarde se renderia à liderança carismática de Hitler e mudaria de lado), pregava a afinidade do nacional-socialismo com o bolchevismo, defendendo uma aproximação com a União Soviética e com o primado marxista. Foi apenas em 1926, na Conferência de Bamberg (Bamberg Führertagung) que a questão ficou definitivamente assentada: a ala de Munique se sobrepôs à de Berlim, e Itália e Grã-Bretanha foram apontadas como modelos semelhantes ao proposto pelo NSDAP, enquanto a URSS, pelo contrário, foi indicada como inimiga a ser combatida. Hitler se projetou então como líder inquestionável do movimento e a visão *völkisch* se tornou soberana no interior do partido. Os que não concordaram com essa orientação deixaram o partido e fundaram a Schwarze Front (Frente Negra), que se dizia nacional-socialista de orientação social-revolucionária.

O valor da coletividade não exclui o valor da individualidade, segundo a ideologia *völkisch*, que saiu vencedora desse embate, e indivíduo e coletivo são vistos como elementos indissociáveis, devendo a coletividade reconhecer o valor do indivíduo, enquanto o indivíduo se mantém saudável e produtivo pelo bem da coletividade. Essa ideia de "socialismo" prenuncia uma igualdade de chances nessa "comunidade do povo", voltada ao desenvolvimento de todo o grupo, mas garantindo a preponderância (social e material) daqueles que se mostram mais valorosos. Visando a uma potencialização máxima dessa sociedade, o nazismo pregava o desenvolvimento físico dos alemães, o autocuidado, a higiene e o elogio de uma estética do corpo que tomou conta da arte e das representações no regime. Um dos produtos mais característicos dessa linha foi o filme *Olympia*, dirigido por Leni Riefenstahl e produzido por ocasião das Olimpíadas de Berlim, em 1936. Nele, cenas de atletas em suas competições são entrecortadas por imagens de corpos (helênicos e arianos) definidos, em uma mescla de enaltecimento dos corpos e dos esportes com propaganda racista. Mais uma vez, é o desempenho e a saúde do corpo que são exaltados.

Essa imagem do corpo – individual e coletivo – saudável é contrastada com a potencial degradação, com doenças e com degeneração. O vocabulário ligado a essa contraposição ganha contornos clínicos, revelando um apelo à medicina e, ao mesmo tempo, à emocionalidade. O corpo sadio do ariano seria uma prévia do corpo saudável da nação, e ambos devem se proteger dos bacilos que os ameaçam. Entretanto, se para o corpo do indivíduo as regras de higiene eram claras e evidentes, no âmbito da "comunidade do povo" os nazistas buscavam ilustrar, a partir de sua ideologia racista, as formas de contaminação a que os alemães estavam suscetíveis.

A primeira delas se referia à fraqueza da nação como produtora, ou seja, a performance e a produtividade que estavam em risco diante dos "pontos fracos" da população apontados pelo regime. Mutilados, portadores de deficiências físicas, pessoas com necessidades especiais e com transtornos mentais eram os primeiros alvos de inquietude do regime, pois eram vistos como elementos não produtivos da sociedade e mesmo como um fardo. A ideia de que a nação deve se proteger de qualquer fraqueza e buscar se aprimorar baseava o pensamento e as políticas eugenistas levadas a cabo pelos nazistas, dentre as quais a primeira foi a Lei de Prevenção da Disseminação de Doenças Hereditárias, formulada em julho de 1933, que regulamentava a prática da esterilização dos indivíduos que sofressem de doenças específicas, como a esquizofrenia, a depressão e a epilepsia. Outras políticas de "higiene racial" também foram implementadas nos 12 anos do Terceiro Reich, como a Aktion T4, que executava a eutanásia de crianças e adultos com transtornos psiquiátricos, ou o programa Lebensborn, que promovia a reprodução de "arianos racialmente puros" e a adoção dessas crianças, especialmente por membros da SS (tropa paramilitar de elite do NSDAP). O programa também coordenou o sequestro e a adoção de crianças que correspondiam ao ideal estético dos arianos nos territórios ocupados pela Alemanha durante a guerra.

## UMA COMUNIDADE RACISTA

Essas ações eram encaradas pelo regime como uma espécie de regeneração e fortificação do corpo nacional, sendo voltadas para a própria população alemã. Elas eram desenvolvidas de forma paralela às ações que assumiam o papel de prevenção, de tratamento e de combate a doenças existentes no interior da "raça ariana", e estavam ligadas à essência da ideologia nazista: seu racismo virulento.

Na ideologia nazista, o pertencimento à "comunidade do povo" (*Volksgemeinschaft*) estava racialmente condicionado, e com ele a própria cidadania e possibilidade de desenvolvimento naquela sociedade. Segundo a lógica da crença na superioridade da "raça ariana", outras "raças" deveriam ser impedidas de entrar em contato com o sangue alemão, sob o risco de provocarem sua degeneração. As teorias pseudocientíficas e social-darwinistas que amparavam essa visão de mundo apontavam para tipos raciais baseados não apenas no fenótipo, ou seja, na aparência dos grupos "raciais", mas também em sua capacidade intelectual e cultural. No cômputo geral, essas "raças" poderiam ser classificadas para determinar quais seriam as "melhores" e as "piores". Para os nazistas, claro, os arianos estariam no topo dessa classificação, sendo considerados a raça superior destinada a um papel de protagonismo na história. Mas, apesar de sua suposta superioridade, a "raça ariana" estaria sempre em perigo, pois a miscigenação poderia fazê-la perder suas qualidades e degenerar seus descendentes. Durante a ocupação francesa da Renânia, entre o fim da Primeira Guerra Mundial e 1930, não foram poucos os alemães que denunciaram a "ameaça" que a presença de soldados provindos das colônias francesas na África e na Indochina representava para o sangue alemão, com os eventuais casos de miscigenação.

Um grupo em particular, classificado pelos nazistas como uma "sub-raça", seria o mais perigoso: os judeus. O papel que o judeu desempenha na ideologia nazista é o de elemento propulsor das ações, das imagens mentais e do pensamento dos nazistas, ou seja, ele se torna o objeto de contraposição permanente, o bode expiatório, o mobilizador ideológico acionado pelo ódio. Na autoimagem que os nazistas fazem de si mesmos, o judeu surge como sua contraparte, o espelho que deve ser negado em sua exemplaridade negativa. O judeu aparece como um contrapeso da exemplaridade positiva que a imagem do Führer oferece aos nazistas. Segundo a premissa nazista, os alemães deveriam agir de acordo com o modelo idealizado de Hitler. Os judeus, ao contrário, são utilizados nesse imaginário como uma projeção do mal, como um grupo que seria prejudicial não apenas por suas ações, mas também por (de forma planejada) enfraquecer a "raça ariana" com sua influência política, econômica e genética. Os judeus carregam a contraditória imagem de um grupo insignificante e, ao mesmo tempo, mortalmente perigoso para os alemães, capaz de contaminar as mentes através das ideologias e da imprensa e de contaminar o sangue pelo sexo. Na construção dessa imagem pela propaganda nazista, as metáforas ligadas a doenças acabam sendo as mais utilizadas, não só por traduzirem essa ligação entre pequenez e perigo, mas também por embasarem a narrativa do ataque ao corpo da nação. Um dos exemplos mais diretos dessa dicotomia entre "pureza" e "contaminação" racial, e revelador dessa lógica, está no livro-panfleto escrito por Hitler, *Minha luta*.

A degeneração genética se torna uma preocupação que ganha dimensões paranoicas na ideologia nazista. Um ponto que comprova esse delírio reside na crença de que uma ariana que tem relações sexuais com um judeu, mesmo que tenha filhos com um ariano anos depois, ainda carrega em si resquícios da genética do primeiro e contamina, dessa forma, o sangue de seus filhos arianos. Quando a legislação antissemita nazista passou a vigorar, essa imagem não deixou de ser considerada. Em 1933, o regime instituiu a Identidade Ariana (*Ariernachweis*), o primeiro passo para demarcar uma cidadania racial e o usufruto de direitos com bases racistas. Esse documento comprovaria a ascendência ariana do indivíduo, possibilitando a ele o exercício pleno de direitos no Terceiro Reich, e determinaria as limitações jurídicas de quem não conseguisse obtê-lo. Já em 1935, o artigo 3 da Lei de Proteção do Sangue e da Honra Alemães, parte das Leis de Nuremberg, explicitava que mulheres de sangue alemão com menos de 45 anos de idade não poderiam ser empregadas por judeus. Na base dessa normativa está a imagem do judeu sedutor de jovens cristãs, mas também a do judeu agressivo, que pode violentar uma jovem alemã e, assim, "envenenar" seu sangue para sempre – tudo isso, de acordo com a visão de mundo nazista, como parte de um plano coletivo para dominar o mundo e sugar, como parasita, a "raça ariana".

## Uma cronologia do NSDAP

Graças a seu caráter generalista, polemista, fluido e propositalmente indeterminado, em particular durante sua primeira década de existência, o NSDAP e o movimento nazista atraíram a atenção e a militância de um grupo diverso de indivíduos, da mais virulenta direita *völkisch* até membros social-revolucionários, identificados internamente como "nacional-bolcheviques". Sua consolidação como movimento e partido de extrema direita conservador é resultado de embates internos e, em grande parte, da concentração autoritária de poder nas mãos de Hitler, de sua liderança carismática e da negação da República. Nesse sentido, pode-se afirmar que a ideologia nazista se consolida de fato como um elemento estável e indisputável na conformação do fenômeno nazista apenas em 1930 – ano que também demarca a ascensão definitiva do partido no plano nacional, quando atinge 18% dos votos nas eleições gerais.

A cronologia do movimento/partido aponta para um sentido crescentemente centralizador e autoritário pautado pelo radicalismo conservador. Em um esboço, poderíamos apontar a seguinte periodização:

- 1919-1923: fase do infantilismo populista, quando a economia emocional da frustração e da indignação dominam o partido, além do espírito de camaradagem e de cumplicidade provinda da experiência no *front* da Primeira Guerra Mundial. Tem fim com o golpe (*Putsch*) frustrado de 1923.
- 1923-1925: fase da suspensão e reagrupamento, quando o partido é proibido após o fracassado *Putsch* de 1923, Hitler surge como liderança principal em sua prisão, edita o primeiro volume de seu livro, *Minha luta* (*Mein Kampf*) e reorganiza o partido.

- 1925-1930: fase da organização partidária nacional que abre caminho para o embate interno entre a central de Munique (*völkisch* e de extrema direita) e a ala do norte (social-revolucionária), em Bamberg. Espaços de contestação à liderança absoluta de Hitler e de disputa conceitual do nacional-socialismo são abertos. Encerram-se com a saída de Otto Strasser do partido e a fundamentação de sua linha programática capitalista, antifinancista, antissoviética e pró-Ocidente. A linha *völkisch* de direita não tem mais oposição sustentável, restando apenas algumas lideranças que podem representar ameaças potenciais à liderança do Führer.
- 1930-1934: fase de ascensão e ajustamento ao poder, na qual o NSDAP consegue parcelas cada vez maiores do eleitorado alemão e chega ao poder. O ano de 1933 assiste a um crescimento estratosférico dos filiados "de ocasião", que buscam surfar na onda do crescimento do partido. A consolidação interna vem com a Noite das Facas Longas, na qual Gregor Strasser é assassinado.
- 1935-1945: fase da ditadura do partido único, na qual a estrutura partidária concorre diretamente com a estrutura estatal e burocrática e se inicia um lento processo (que não é finalizado) de mescla dos dois campos (administrativo e partidário).

Como fica evidente, o racismo – e de forma mais específica, o antissemitismo – se encontra no centro da ideologia nazista. Aliado ao ultranacionalismo, ele não apenas provê uma imagem, ou melhor, um lugar no mundo para os arianos, em uma crença na superioridade da raça e no darwinismo social, como também indica sua contraparte, sua antítese. Como elemento mobilizador das ações e da estruturação do regime nazista, a ideologia provê imagens e um norte para a conduta dos nazistas, bem como um alicerce que guia todos os alemães em seus comportamentos e pressuposições. A propaganda utiliza essa estrutura e projeta um regime emocional que oscila principalmente entre o ódio, o medo e o orgulho. Entrelaçam-se imagens em torno do arquétipo do judeu (o capitalista explorador, o comunista, o conspirador, o violentador, e ainda o que o ideólogo Alfred Rosenberg chamou de "internacionalismo judaico, tanto do tipo marxista quanto do democrático") que deixam o nazista sempre em alerta contra o inimigo, sempre disposto a agir para salvar seu povo, em vigilância permanente.

A ideologia nazista esteve, como é evidente, atrelada ao partido NSDAP durante toda a República de Weimar, tornando-se a base para a "revolução conservadora" que eles empreenderiam na sociedade uma vez estabelecidos através do regime ditatorial em 1933. O pertencimento ao partido, ou seja, o registro e mesmo a carteirinha de afiliado tornaram-se também elementos de distinção social, especialmente após 1933. Com a ascensão dos nazistas em janeiro de 1933, houve uma imensa procura por novas inscrições baseada no oportunismo ou no medo de represálias no novo regime; muitos perceberam que fazer parte do NSDAP poderia trazer vantagens, e outros ainda anteviram que não ser um filiado ao partido poderia se tornar um obstáculo para a carreira ou para os negócios. Essa onda de filiações que ocorreu entre março e maio de 1933 garantiu cerca de 1,5 milhão de novos partidários registrados, que se somaram aos até então 850 mil. Ironicamente, no cotidiano do partido, esses novos membros oportunistas eram chamados de "tombados de março" (*Märzgefallene*) e vistos como membros de segundo escalão. De fato, o número da carteirinha do partido podia ser a prova de lealdade e mesmo de devoção ao país, dado o ultranacionalismo cultivado pelo novo regime. Quanto menor o número da carteirinha, mais nazista o indivíduo se comprovaria (com a refundação do partido em 1925, após seu desmantelamento devido ao *Putsch* de 1923, Hitler recebe a carteirinha de número 1 – antes, era o número 555).

Esse grande afluxo de novos membros levou a uma suspensão de novas filiações, para evitar a entrada de aventureiros e de pessoas descompromissadas com os princípios do partido. Mas, mesmo que não pudessem se filiar ao partido, os cidadãos podiam se filiar às organizações partidárias (como a SA ou a Juventude Hitlerista, por exemplo). A suspensão foi mantida até 1937, quando os membros de destaque dessas organizações começaram a ser incluídos também no partido. Isso mudou a própria natureza do NSDAP, como destacou o historiador Martin Broszat, pois ele deixou de ser um espaço de agremiação e formação ideológica e passou a ser "uma organização ampla para cadastro, controle e disciplina da nação" e dos indivíduos que se sobressaíssem na sociedade. O partido nazista, dessa forma, passou a ser cada vez mais um dispositivo socioemocional, concedendo privilégios aos seus membros e gerando, nos ainda excluídos, a ansiedade e o desejo de fazer parte desse organismo.

Esses elementos, a ideologia e as dinâmicas sociais e institucionais que se projetam a partir dela, estavam na base da experiência nazista e formavam uma espécie de núcleo duro do movimento e do regime, caracterizando-os e povoando a mente dos cidadãos no período. Mesmo considerando que a crença ou o apoio a essas ideias variavam de indivíduo para indivíduo ou de tempos em tempos, era essa ideologia que estruturava a visão dominante da ditadura nazista. Como ela era vivenciada naqueles anos, e como era percebida (ou não) pela população, é o tema dos próximos capítulos.

## POR QUÊ?

A ideologia nazista certamente desempenhou um papel central na ascensão do NSDAP ao poder, na implantação do Terceiro Reich e, principalmente, na condução do processo de alinhamento que foi operado no regime. Em busca de uma "Nova Ordem", muitos alemães aderiram à visão de mundo nazista, adaptaram sua vida a esses preceitos e experimentaram uma conexão entre as ideias, a estética e a prática nazistas. Mas, diante dos registros históricos dessa experiência, dos estudos que apontam para a estrutura de violência e terror, há uma lacuna que se refere às motivações que levavam os alemães a adotar o nazismo.

Não se desconsidera aqui o efeito que a propaganda e o terror podiam ter sobre os indivíduos. A sujeição de muitos alemães se deu pelo medo, pela suspeita constante de estar sendo vigiado. Entretanto, não se pode deixar de levar em consideração a adesão voluntária e ideológica, o engajamento intuitivo ou a simpatia irrefletida que abarcaram uma boa parcela da população. Lançando a pergunta "por que eles seguiram Hitler?", o sociólogo Stephan Marks iniciou uma pesquisa entrevistando alemães que vivenciaram o Terceiro Reich de forma ativa e analisou as motivações e as razões para eles terem seguido o Führer. Em um trabalho que levou em consideração o fato de as entrevistas terem sido feitas décadas depois da queda do regime, ou seja, em um ambiente e com uma opinião pública bastante diferentes daqueles dos anos 1930, Stephan Marks conseguiu traçar alguns pontos em comum entre as razões para o engajamento dos então jovens alemães.

Algumas dessas razões dizem respeito diretamente à ideologia nazista. O fato de o nazismo se tornar uma espécie de catalisador da vergonha nacional, de canalizar a indignação com a assinatura do Tratado de Versalhes e de prometer uma retomada nacional (com uma retórica abertamente revanchista) contou, para muitos, como um fator de atração. Na mesma esteira, os jovens sentiam-se protegidos, ao entrarem em contato com os discursos e as práticas nazistas, dos possíveis traumas que atingiram a Alemanha nas gerações anteriores. A ironia de suas escolhas e seu apoio aos nazistas terem sustentado o maior trauma da história nacional não retira a importância da compreensão do contexto para a recepção das ideias nazistas entre os alemães: não era apenas uma questão de derrota na guerra, mas uma derrota, de certa forma, surpreendente, sofrida e que cobrou um preço altíssimo em termos econômicos, políticos e morais. O grande medo que se sentia em relação ao futuro só era equiparável ao medo que os alemães sentiam de suas próprias escolhas, que poderiam levá-los e a seus filhos para um caminho sem volta em direção à pobreza, à fome e à miséria. Uma nostalgia em relação a um passado glorioso e "despreocupado" e o temor diante de um futuro indeterminado: a retórica ideológica nazista se construía sobre esses dois elementos, prometendo um tempo no qual a Alemanha retomaria seu espaço de potência entre os europeus, espaço construído sobre uma comunidade racial próspera, homogênea e pautada na produtividade. Tendo essa imagem como guia e incertos de suas próprias capacidades, muitos alemães aceitaram entregar seus destinos a uma figura populista que prometia saber os caminhos para a redenção.

Muitos outros alemães, por sua vez, foram seduzidos por miragens de sua própria grandeza. Nesse sentido, o nazismo se tornava uma autorreferência atrativa, pois moralizava a própria identidade, inflava sua estatura e a colocava como o padrão mais elevado. Ainda mais atrativo foi o fato de não precisarem exercitar esse caráter, uma vez que a principal base para ele era considerada inerente: sua "pureza racial". Ao se identificar como membro de um grupo moralmente superior, o indivíduo se autoenaltece, e nesse processo desenvolve uma espécie de narcisismo grupal, pautado na contraposição do "nós contra eles". O extremismo e a violência se amparam nessa retórica, guiados por um desejo de defesa da ideologia da suposta superioridade. O desejo é também de reconhecimento, o que fornece as ferramentas para o fanatismo. Esse reconhecimento não é apenas uma referência a ações e defesas ideológicas por parte do indivíduo, o que o levaria a atos "heroicos" contra os inimigos do grupo para ser reconhecido como um "extraordinário" defensor da "raça", mas é também

Entrada de Hitler nos Sudetos em 1938. (Bundesarchiv, 137-004055)

o de ser reconhecido dentro do próprio grupo, como um igual. Medo, ódio e ressentimento se convertem em emoções centrais para a identificação de si e dos demais membros desse estrato, e esse regime emocional acaba direcionando o julgamento e a ação em múltiplas ocasiões. Tal relação do indivíduo com o grupo acarreta uma sensação de conforto e de acolhimento, ou seja, cria-se um refúgio para o indivíduo que se sente fragilizado pelo caos de uma conjuntura que não consegue entender ou controlar, um refúgio que o enaltece entre seus iguais, unidos em sua "superioridade". E, mais do que isso, a dinâmica de constante exaltação da raça, de cerimônias e festividades esteticamente marcantes e de demonstração de força traz consigo uma empolgação quase permanente. Nesse processo, guiadas pela ideia de libertação e de despertar, a euforia e a autossatisfação que o envolvimento com os nazistas acaba por gerar têm o efeito de uma droga, levando muitos dos seguidores mais fanáticos à dependência desse movimento. O nazismo, dessa forma, podia ser viciante.

## BIBLIOGRAFIA RECOMENDADA

Arendt, Hannah. *Origens do totalitarismo*. São Paulo: Companhia das Letras, 2000.
Bertonha, João Fábio. *Imperialismo*. São Paulo: Contexto, 2023.
Chapoutot, Johan. *A revolução cultural nazista*. Rio de Janeiro: Da Vinci, 2022.
Cordeiro, Janaína. *A Europa Central*: a história fascinante de uma região decisiva. São Paulo: Contexto, 2025.
Ingrao, Christian. *Crer & destruir*. Rio de Janeiro: Zahar, 2015.
Kershaw, Ian. *Hitler*. São Paulo: Companhia das Letras, 2010.
Lacoue-Labarthe, Philippe; Nancy, Jean-Luc. *O mito nazista*. São Paulo: Iluminuras, 2020.
Mann, Michael. *Fascistas*. Rio de Janeiro: Record, 2008.
Matthäus, Jürgen; BAJOR, Frank (org.). *Os diários de Alfred Rosenberg*. São Paulo: Crítica, 2017.

## FILMOGRAFIA RECOMENDADA

Cohen, Peter. *Arquitetura da destruição*. Alemanha, 1989, 119 min.

# O NAZISMO NAS ESTRUTURAS DE PODER

A ideologia nazista, como vimos, pregava uma ruptura com tudo o que envolvia a República de Weimar, a começar por seu caráter democrático e liberal. Desde o momento de sua fundação, o NSDAP defendia a queda do sistema republicano e sua substituição por um regime forte e centralizador, um regime decisionista no qual a pluralidade de visões e de opiniões daria lugar a um Estado forte guiado por uma visão de mundo ultranacionalista e racista. Sua visão original propunha uma revolução conservadora para atingir esse fim, o que foi intentado no episódio que ficaria conhecido como Putsch da Cervejaria, em Munique, em 1923.

A tentativa de tomada do poder em Munique a partir de uma marcha, a exemplo do que os fascistas haviam feito em Roma no ano anterior, fracassou pela falta de apoio popular e das forças de segurança. Como resultado da ação, 16 militantes nazistas foram mortos no confronto com a polícia local e os líderes do movimento acabaram presos. Até o fim do regime nazista, em 1945, a marcha de 1923 seria celebrada pelos nazistas como um momento de despertar da nação alemã, e seus mortos considerados mártires da revolução nacional-socialista. Algumas das bandeiras levadas pelos militantes nessa tentativa de golpe seriam utilizadas em cerimônias nazistas como relíquias do batismo de fogo que o movimento teria tido naquele 9 de novembro de 1923, para "abençoar" os estandartes e as bandeiras nazistas posteriormente.

Selo postal alemão comemorativo ao Putsch da Cervejaria de 1923. (Autoria não identificada)

O Putsch marcaria a história da ascensão nazista como o momento em que a ação revolucionária teria anunciado as intenções do movimento nacional-socialista para todo o país.O evento marcaria também uma mudança na estratégia dos nazistas. Uma vez preso, em um processo que o tornou reputado em grupos conservadores e da direita *völkisch*, Hitler escreve seu livro-manifesto, *Minha luta*, e nele indica a sua intenção de não mais buscar a derrubada da República pela via revolucionária; ela teria que ser destruída por dentro, por meio de seu próprio sistema democrático. Em outras palavras, o NSDAP buscaria convencer a população da ineficácia do sistema democrático e, pelo voto, impor o seu fim.

## UM OUTRO CAMINHO: A DEMOCRACIA

Essa mudança de estratégia, em menos de dez anos, levou os nazistas ao poder, em 1933. Muitas vezes, ao analisarmos esse processo marcado pela violência dos confrontos entre os nazistas e seus adversários, não percebemos as nuances da ascensão. Se, por um lado, os nazistas de fato conseguiram se destacar no sistema democrático, especialmente a partir de 1930, e atingiram os números necessários para se qualificar à formação do governo nacional, por outro, eles jamais conquistaram a maioria dos votos nesse sistema. Conseguiram crescer exponencialmente após a Crise de 1929, quando o mercado internacional colapsou. Mas as eleições que colocaram os nazistas no poder demonstraram uma pequena queda em sua popularidade, medida poucos meses antes. É importante observar isso, pois a chegada dos nazistas ao poder e a transformação do regime democrático em uma ditadura pode parecer, à primeira vista, o resultado de um apoio total da população alemã ao NSDAP, o que não é verdade. Abaixo, a tabela mostra os resultados das eleições majoritárias na Alemanha a partir de 1929:

| ELEIÇÕES | NSDAP | SPD | KPD |
|---|---|---|---|
| 14 set. 1930 | 18% | 24% | 13% |
| 31 jul. 1932 | 37% | 21,5% | 14,5% |
| 06 nov. 1932 | 33% | 20,5% | 17% |

É perceptível a flutuação nos resultados dos nazistas, enquanto o partido social-democrata (SPD – Sozialdemokratische Partei Deutschlands) teve uma leve, mas constante, queda, e os comunistas (KPD – Kommunistische Partei Deutschlands) tiveram um leve, mas constante, crescimento. Esses resultados provocaram na elite alemã uma sensação de insegurança, uma vez que os dois partidos extremistas, o KPD e o NSDAP, conseguiram, em duas eleições consecutivas mais da metade do eleitorado, fazendo com que todos os demais partidos – democráticos – permanecessem em situação minoritária. Além disso, a esquerda, representada pelo KPD e pelo SPD, mantinha uma parcela constante de cerca de 35% dos votos. Tal conjuntura impossibilitava a formação de um governo de coalisão liberal-conservadora no campo democrático, precipitando crises políticas devido à paralisia do sistema.

A solução encontrada foi compor um governo com os nazistas, vistos como mais controláveis pelo círculo mais próximo do presidente Hindenburg. A exigência maior dos nazistas foi que, na composição, o NSDAP tivesse a prerrogativa de indicar o chanceler (ou seja, Hitler). Em nome da governabilidade e para dar uma satisfação aos eleitores alemães, o acordo foi costurado e, em 30 de janeiro de 1933, Adolf Hitler assumiu o cargo de chanceler. A chegada à chancelaria abriu as portas das estruturas de poder para os nazistas, ainda que eles estivessem atados às "regras do jogo" democrático. Isso, entretanto, duraria pouco, pois logo uma série de manobras políticas e parlamentares colocariam a República de joelhos e teria início a ditadura nazista.

Na primeira reunião do novo gabinete, em 31 de janeiro de 1933, Hitler deixou claro que a intenção não era governar democraticamente, mas sim conseguir uma base maior no Parlamento para aprovar leis que possibilitassem sua livre ação e, dessa forma, derrubar as estruturas republicanas e democráticas. Para tanto, conseguiu junto ao presidente a dissolução do Parlamento em vigor e convocou novas eleições legislativas para março. No dia 1º de fevereiro, proferiu seu primeiro discurso no rádio como chanceler, prometendo fazer com que o povo alemão voltasse a ter consciência de sua unidade racial e política e respeito por suas tradições. Além disso, prometeu a superação das questões de classe. Os focos dessas declarações eram, principalmente, o sistema democrático e o Partido Comunista.

Comemoração nazista pela indicação de Hitler à chancelaria, em 30 de janeiro de 1933. (Bundesarchiv, 102-02985A)

Esses movimentos reforçaram a instabilidade institucional da República e fizeram com que os principais partidos da disputa se lançassem de forma intensa às ruas para conquistar eleitores. Contudo, membros da SA (Sturmabteilung), a tropa paramilitar e miliciana de assalto do NSDAP, avançavam sobre as reuniões promovidas pelo KPD e pelo SPD, alastrando o medo e desmobilizando os principais rivais dos nazistas. A violência política cresceu enormemente. No dia 27 de fevereiro de 1933, ocorreu um incêndio criminoso no Parlamento alemão. Muito já se escreveu sobre esse episódio, e teorias que apontavam para um ato conspiratório dos comunistas ou, pelo outro lado, dos nazistas correram por décadas entre os intérpretes do evento. De concreto, entretanto, temos apenas a prisão do anarquista holandês Marinus van der Lubbe, que teria incendiado o prédio em uma ação individual para que a classe trabalhadora alemã se levantasse contra os nazistas. Seu feito não apenas não desencadeou a revolução que desejava, como ainda deu aos nazistas pretexto para acusar os comunistas de complô contra a pátria. Já no dia seguinte, o presidente Hindenburg assinou, a pedido da chancelaria, o Decreto para a Proteção do Povo e do Estado, a partir do qual a Alemanha entrava em estado de exceção. Esse ato jurídico suspendeu uma série de direitos civis (como o direito de associação e o de livre expressão), bem como autorizou a prisão sem os devidos ritos legais. Em outras palavras, ele descaracterizou completamente a República e abriu espaço para uma autocracia. Esse decreto vigoraria até o fim do Terceiro Reich, em 1945.

A partir dali os nazistas passaram a se mobilizar pela supressão da oposição, ou seja, dos partidos políticos que não estivessem alinhados com seus objetivos. O KPD foi o grande perseguido nesse primeiro momento, mas também os social-democratas do SPD sofreram baixas. A SA se tornou pouco a pouco um braço do aparato repressivo do Estado, atuando em consonância com a polícia na repressão de opositores dos nazistas, na interrupção de comícios, no fechamento de jornais partidários da esquerda, entre outros atos de violência política. Isso aponta para uma tendência que viria a ser verificada nos anos seguintes, que é a das estruturas do NSDAP se tornarem paralelas às estruturas do Estado, colaborando em alguns momentos, mas também competindo em outros. Alguns historiadores vão apontar para a existência de um regime bicéfalo, com as estruturas de Estado e do Partido sendo constantemente colocadas em conflito pela liderança maior (especialmente Hitler e seus asseclas mais próximos) para buscar a melhor e mais eficiente delas em cada tarefa. Essa competição entre instituições e grupos internos do Estado e do Partido será definida pela historiografia como "policracia". Outros pesquisadores chamarão a atenção para a sobreposição e mesmo aglutinação cada vez maior das duas estruturas, com os elementos partidários sendo, pouco a pouco, incorporados ao Estado.

Capa do jornal semanário *Münchner Illustrierte Presse*, de 16 de julho de 1933, ilustrada com imagem de prisioneiros políticos no campo de concentração de Dachau.

É nesse contexto que o sistema concentracionário nazista começa a ser esboçado, com a criação do campo de concentração de Dachau, montado, a princípio, para receber parte dos presos políticos (estima-se que no primeiro ano do regime nazista cerca de 100 mil indivíduos passaram, em algum momento, pelas prisões políticas). Em 22 de março de 1933, o campo de Dachau recebe seus primeiros 200 prisioneiros. Até o fim do regime nazista, cerca de 200 mil presos passariam pelo campo, dentre os quais se contam 40 mil mortos.

A intensidade dos ataques aos militantes e partidos de esquerda naquele fevereiro de 1933 era reforçada pela paranoia e pelas teorias de conspiração que habitavam o imaginário de parte da população alemã desde a Primeira Guerra Mundial. Segundo elas, a esquerda estaria a serviço de poderes ocultos internacionais, desde a deflagração das greves de 1917, da revolução alemã de 1918, até o incêndio do Parlamento. Os judeus, identificados como agentes centrais desses "poderes ocultos", não foram atacados diretamente nesse primeiro momento voltado à caça dos comunistas. Entretanto, o imaginário e a intensa propaganda não deixavam essa relação, criada pela extrema direita, fenecer no campo público alemão.

No dia 5 de março ocorreram novas eleições gerais, que elevaram a porcentagem de votos conferidos aos nazistas a 44%, resultando em 288 cadeiras no novo Parlamento. Em segundo lugar ficaram os social-democratas, com 18% (120 cadeiras), e, em terceiro, apesar de todas as manobras nazistas no curto período de campanha, os comunistas, com 12% (81 cadeiras). O Partido de Centro registrou 11%, recebendo com isso 73 cadeiras no Parlamento, e os demais partidos somados conquistaram 85 cadeiras. Essa dança das cadeiras ganhou uma importância imensa já na primeira reunião do novo Parlamento, quando, ainda sob a sombra do incêndio no Reichstag, as cadeiras ocupadas pelos comunistas foram declaradas nulas. Com essa manobra parlamentar, o número total de representantes no

Parlamento passou a ser de 566, o que fez com que os nazistas atingissem a maioria parlamentar e ficassem um passo mais perto de levar a cabo seus planos de transformação do regime e derrubada da República democrática.

O golpe final no regime democrático veio em 23 de março de 1933, quando foi colocada em votação a Lei de Concessão de Plenos Poderes (*Ermächtigungsgesetz*), que deu a Hitler autonomia total e, na prática, iniciou a ditadura. A lei indicava que o novo governo nazista poderia atuar em várias frentes sem a prévia aprovação do Parlamento, sendo habilitado a partir de então a negociar com países estrangeiros, formular leis e diretrizes sem a necessária anuência parlamentar e sem o controle do Congresso.

### Lei de Concessão de Plenos Poderes, de 23 de março de 1933

O Reichstag aprovou a seguinte lei, que é promulgada com o consentimento do Reichsrat (Senado) depois de ter sido determinado que os requisitos da legislação que altera a constituição foram cumpridos:

Art. 1. As leis imperiais também podem ser aprovadas pelo governo do Reich, para além do procedimento previsto na Constituição Imperial. Isso também se aplica às leis especificadas nos artigos 85, parágrafo 2 e 87 da Constituição Imperial.

Art. 2. As leis imperiais aprovadas pelo governo podem divergir da Constituição na medida em que não digam respeito ao estabelecimento do Reichstag e do Reichsrat como tais. Os direitos do Presidente do Reich permanecem inalterados.

Art. 3. As leis do Reich aprovadas pelo governo do Reich são elaboradas pelo Chanceler do Reich e publicadas no Diário Jurídico do Reich. Salvo disposição em contrário, entram em vigor no dia seguinte ao do seu anúncio. [...]

> Art. 4. Os tratados do Reich com Estados estrangeiros que se relacionam com assuntos legislativos não requerem o consentimento dos órgãos envolvidos na legislação. O governo do Reich emite os regulamentos necessários para implementar tais acordos.
>
> Art. 5º Esta lei entra em vigor na data de sua promulgação. Expira em 1º de abril de 1937. Também deixa de ter efeito se o atual governo for substituído por outro.

## A DITADURA SE INSTALA

Como fica claro na Lei de Concessão de Plenos Poderes, em seu artigo 2º, o único empecilho para uma ditadura total era a figura do Presidente do Reich, que ainda mantinha suas prerrogativas. O cargo então exercido pelo marechal Hindenburg era o que se descreve como chefe de Estado, enquanto o de Hitler (chanceler) seria o chefe de governo. Isso dava ao presidente a prerrogativa de vetar algumas ações do governo, decretar leis emergenciais, apontar ou destituir o chanceler, além de ser o comandante em chefe das Forças Armadas.

Hitler e Hindenburg em desfile no Dia do Trabalhador, em 1º de maio de 1933. (Bundesarchiv, 102-14569 CC BY-SA 3.0)

Esse obstáculo ao poder total para os nazistas foi transposto no ano seguinte, em 1934, quando o presidente Hindenburg veio a falecer. Com a vacância do posto, Hitler convocou um referendo para abolir a separação entre os dois cargos, passando a ele também as prerrogativas do cargo de presidente. Aprovado por imensa maioria (88%), Hitler se tornou oficialmente, em agosto de 1934, Führer da Alemanha. A ditadura nazista era, a partir de então, oficial.

É preciso observar, entretanto, que o presidente Hindenburg não havia colocado qualquer entrave ao avanço autoritário nazista nos 20 meses que manteve seu cargo de presidente sob a chancelaria de Hitler. Mesmo antes da Lei de Concessão de Plenos Poderes, os nazistas já agiam nas ruas e nos prédios públicos das grandes e médias cidades para levar a cabo a sua "revolução": prefeituras e sedes de governo eram tomadas pelas tropas paramilitares da SA, que clamavam pelo controle das forças de segurança e da administração dos municípios e regiões; em seguida, uma intervenção federal indicava novos administradores locais, em regra, membros do NSDAP. Descrevendo esse processo tal qual ocorreu na pequena cidade alpina de Obersdörfer, a historiadora Julia Boyd conta como, a partir de março de 1933, as autoridades eleitas de forma democrática pela população foram, pouco a pouco, substituídas em eventos oficiais por líderes locais do partido nazista. Espaços públicos foram renomeados e música militar podia ser ouvida junto à propaganda permanente nos rádios e nas ruas, até que, em 21 de abril, um novo conselho municipal foi apontado por ordem federal, composto por dez membros do NSDAP e cinco "não nazistas". Esse conselho decidiu pela substituição do então prefeito por um novo, "mais apropriado aos novos tempos" e, claro, membro do partido nazista. Dessa forma, com intervenções pontuais, mas rápidas, e um estado de exceção que lhes garantia liberdade para agir da forma que quisessem, os nazistas conseguiram remodelar todo o cenário político e administrativo da Alemanha em poucos meses após sua chegada ao poder.

Para assegurar a continuidade das mudanças e o domínio do campo público, os nazistas transformaram o regime democrático e plural em uma ditadura de partido único. Nesse processo, priorizaram a eliminação dos dois principais adversários dos nazistas na política nacional. Os primeiros afetados, os comunistas, tiveram seu destino traçado a partir das acusações de conspiração pelo incêndio do Parlamento. Ainda em março de 1933, o KPD foi declarado fora da lei, e teve início a perseguição a seus membros e militantes. Muitos fugiram do país, principalmente para a União Soviética e a Tchecoslováquia, onde fundariam células de resistência aos nazistas. Milhares deles, entretanto, foram presos como inimigos do Reich e muitos morreram nos campos de concentração tempos depois. Os social-democratas (SPD), por sua vez, foram colocados na ilegalidade em 22 de junho de 1933. Seus líderes exilaram-se no exterior, em especial na Inglaterra, na França e na Tchecoslováquia, e mantiveram um aparato partidário (em particular sua imprensa) que serviu não só para manter a militância unida, como também para articular atos de resistência e servir como uma espécie de representantes alemães junto aos Aliados quando a Segunda Guerra Mundial eclodiu. O SPD no exílio ganhou nova nomenclatura, SoPaDe, e lançou em 1934 o Manifesto de Praga, que chamava os alemães ao combate e à revolução contra os nazistas. O Manifesto de Praga foi impresso na capital da Tchecoslováquia e enviado de forma clandestina para a Alemanha, visando à formação de uma consciência popular contra a ditadura. Em seu último parágrafo, deixava claras a postura de luta aberta e as posições ideológicas e históricas dos social-democratas:

> Os governantes nacional-socialistas orgulham-se de terem destruído o movimento revolucionário dos trabalhadores socialistas e de terem erradicado a ideia de liberdade. Eles são os vencedores e se vingam cruelmente dos oprimidos. Mas,

> quanto maior for a sua vitória, a vitória das potências capitalistas, maior será a sua derrota futura. O desenvolvimento capitalista cria os seus próprios coveiros, e o triunfo de hoje é a queda de amanhã. Contra a barbárie fascista travamos a luta pelas grandes e imperecíveis ideias da humanidade. Somos os portadores do grande desenvolvimento histórico desde a superação da escravidão medieval, somos os herdeiros das tradições imperecíveis do Renascimento e do Humanismo, das Revoluções Inglesa e Francesa. Não queremos viver sem liberdade e vamos conquistá-la. Liberdade sem domínio de classe, liberdade até a abolição completa de toda exploração e de toda dominação das pessoas sobre as pessoas!
>
> O sangue das vítimas não terá corrido em vão!
>
> Trabalhadores alemães, vocês só precisam livrar-se das correntes da sua escravidão e ganhar o mundo da liberdade e do socialismo!
>
> Trabalhadores alemães, uni-vos na luta revolucionária para destruir a ditadura nacional-socialista!
>
> Através da liberdade para o socialismo, através do socialismo para a liberdade!
>
> Viva a social-democracia revolucionária alemã, viva a Internacional!
>
> Praga, janeiro de 1934

Internamente, entretanto, a repressão e a censura nazistas conseguiram desarticular a maior parte das ações de resistência promovidas pelos adversários políticos. Sem os comunistas e os social-democratas, o NSDAP não tinha mais oposição no Parlamento, o que possibilitou que, em 14 de julho de 1933, fosse decretada uma lei instituindo o NSDAP como único partido permitido na Alemanha. Partidos conservadores e de direita foram incorporados pelo partido nazista, enquanto muitos políticos e ativistas de outras correntes e ideologias seguiram para o exterior em autoexílio. Em praticamente um semestre, graças ao estado de emergência que se seguiu ao incêndio do Reichstag, toda a estrutura política da Alemanha foi tomada de assalto pelos nazistas e a democracia deu lugar à ditadura.

## O PROCESSO DE ALINHAMENTO

Além da hegemonia política, o regime nazista buscava também a homogeneização da cultura nacional. Esse processo visava a uma equalização das mentalidades, das ações e da visualidade alemãs, moldando os espaços e as sociabilidades a partir de um ideal estabelecido por ele. Não foi pelo simples convencimento ou pela cooptação que o regime buscou esses resultados, mas sim pelo emprego de intensa propaganda combinada com terror policial e novas normas e leis que indicavam o resultado pretendido.

A principal lei nesse sentido foi a Lei pelo Restabelecimento do Serviço Público, que não restabeleceu propriamente o serviço público, que já existia na Alemanha, mas buscou conformar os funcionários públicos à nova realidade ideológica alemã. Através dessa lei, o regime procurou estabelecer um padrão de ação e de comportamento a todos os funcionários estatais, além de iniciar o processo de conformação de uma cidadania vinculada ao pertencimento racial. Por meio dela, os funcionários públicos que tivessem ascendência judaica (ao menos um avô judeu) poderiam ser demitidos em nome de uma "arianização" da burocracia alemã. Uma exceção foi colocada: caso o judeu tivesse lutado pela Alemanha durante a Primeira Guerra Mundial, ele estaria salvo. Entretanto, essa isenção foi anexada à lei a pedido do presidente do Reich, utilizando-se de sua prerrogativa executiva, o que acabou gerando uma falsa sensação de segurança aos judeus que eram ex-combatentes, pois acreditaram, por algum tempo, que estariam a salvo de qualquer perseguição antissemita. Após a morte do presidente Hindenburg, exceções desse tipo não mais vigoraram nas leis e normativas raciais que os nazistas decretavam; os veteranos de guerra judeus passaram a ser discriminados e perseguidos pelo regime.

Essa lei também introduziu a infame Identidade Ariana, documento que comprovaria a origem ariana e habilitava seus detentores a exercer diferentes profissões, tanto na burocracia pública quanto na iniciativa privada, como médicos, advogados, professores etc. Como era feita a "comprovação" do arianismo dos cidadãos alemães? Como não havia qualquer possibilidade de comprovar geneticamente a linhagem dos pais e dos avós, como características fenotípicas (de aparência) também não aferiam com precisão o pertencimento a um "grupo racial", e como os sobrenomes não eram considerados comprovantes de origem confiáveis, para obter a Identidade Ariana os indivíduos precisavam apresentar provas de vínculo religioso dos seus antepassados. Assim, certidões de batismo ou de comunhão nas Igrejas cristãs passaram a ser utilizadas para atestar o pertencimento a uma comunidade racial "desjudaizada" – uma demonstração da insensatez que guiava toda a ideia nazista de Estado racial, mas também uma amostra de que, para fazer valer a autopropalada prerrogativa da raça, os nazistas iriam se basear nas informações disponíveis, fossem elas oficiais, fossem fabricadas no âmbito das igrejas.

Além da "arianização" da burocracia, os nazistas buscaram o alinhamento ideológico não só dos burocratas, mas também de toda a sociedade. Já em março de 1933, os nazistas declararam que a sociedade deveria entrar em sintonia com a ideologia nazista, em favor do restabelecimento da unidade nacional. À primeira vista, o alvo desse discurso pareceu ser os grupos de esquerda, em especial os comunistas. Mas o objetivo de fato era a conformação total de todos os setores da sociedade. Victor Klemperer, um dos observadores mais sagazes desse processo de alinhamento, registrou em seu diário sua surpresa com a rapidez com que alguns grupos, em particular os trabalhadores atingidos pela Lei pelo Restabelecimento do Serviço Público, adotaram o gestual e a teatralidade envolvidos na adesão ao nazismo. A saudação nazista, as onipresentes músicas militarizadas, as reuniões em torno do rádio para ouvir discursos dos líderes do regime, tudo isso foi se tornando cada vez mais comum nos espaços públicos, não apenas contribuindo para a difusão da estética nazista, mas também normalizando comportamentos e tornando-os o novo padrão do Terceiro Reich.

Na vigência do estado de exceção durante todo o regime, a imprensa tinha um espaço muito particular. Em um período no qual não havia televisão e o rádio vinha ganhando popularidade, a imprensa escrita era uma instituição que atingia praticamente toda a população. Estima-se que a Alemanha, terra de Gutenberg, tinha mais jornais ativos na década de 1930 do que qualquer outro país europeu, e os nazistas sabiam que seu alinhamento seria crucial para a sobrevivência do regime. Não demorou, portanto, para que as redações fossem invadidas por membros da SA, jornais de oposição fossem empastelados e publicações de caráter mais comercial ou de ideologia liberal fossem "convencidas" a seguir uma linha que colocasse a visão de mundo nazista como seu farol. Por sua vez, jornais e semanários nazistas ganharam reforço financeiro, tiveram suas tiragens aumentadas e sua distribuição alargada. Não só o *Völkischer Beobachter*, jornal oficial do NSDAP, mas também publicações secundárias, como o antissemita *Der Stürmer*, tornaram-se leituras convenientes para todos aqueles que quisessem afastar quaisquer dúvidas de que não eram opositores do novo regime. Comentar sobre as últimas notícias que esses jornais traziam ou ser visto lendo um exemplar deles em público eram ações que podiam, inclusive, fazer parte de estratégias de sobrevivência nos novos tempos.

Uma piada da época envolvendo o *Der Stürmer* não aponta apenas para o conteúdo antissemita do jornal, a violência brutal de seu discurso, a paranoia e as teorias conspiratórias que constavam em suas páginas. Ela fala também do costume da leitura pública de jornais, de uma certa exposição dessa leitura, da possibilidade constante de ser visto lendo uma publicação como essa e, imediatamente, ser associado a seu conteúdo.

> "*Um judeu entra em um café de Berlim e avista seu amigo, Schlomo, lendo um exemplar do semanário nazista e estupidamente antissemita* Der Stürmer. *Ele vê a cena horrorizado e exclama, em voz muito alta, chamando atenção de todos no recinto:*
> *– Schlomo!!! Como você pode fazer isso??? Ler este lixo antissemita?!?!*
> *– Qual o problema? Afinal, sempre que eu leio um jornal estrangeiro eu vejo como somos perseguidos, violentados e excluídos da sociedade. Vejo como nossa vida é miserável em nosso próprio país. Mas quando eu leio o* Stürmer, *tudo muda! Descubro que temos poder e dinheiro, e que somos os verdadeiros senhores do mundo! Meu humor fica muito melhor com essas notícias!*"

Frequentemente, o *Stürmer* era disponibilizado em painéis nas cidades grandes e médias com o conteúdo da semana, ampliando o seu público leitor – e também proporcionando aos leitores um espaço de encontro e discussão para sua mensagem antissemita. Os próximos capítulos deste livro trarão mais elementos sobre o antissemitismo desse semanário, entretanto, seu exemplo serve aqui para ilustrar um ponto importante na construção da estrutura de poder dos nazistas, que é a propaganda. Os painéis do *Stürmer* são uma amostra da projeção propagandística nazista sobre o espaço público alemão, constituindo uma atmosfera que era não apenas de exaltação e de divulgação do regime e sua ideologia, mas também de vigilância, exposição e controle das ações dos alemães.

Painel do *Stürmer* em uma cidade alemã. Em frente a ele, os transeuntes se reuniam, liam o conteúdo do jornal e eram vistos pelos demais. Na imagem, no alto, lê-se: "Com o *Stürmer*, contra Judá". No interior do painel, a frase que também vinha impressa em todas as capas do jornal: "Os judeus são nossa desgraça". (Bundesarchiv, Bild 133-075)

## STURMABTEILUNG: CAMISAS MARRONS

Enquanto a propaganda se encarregava de transformar a visualidade e dar uma linha de orientação para as ações, a violência e a sensação de vigilância constante eram operadas por órgãos da estrutura de poder que os nazistas organizaram em seu regime. Três deles se destacavam: a SA, a SS e a Gestapo.

A SA (Sturmabteilung, ou Divisão de Assalto) era um grupo paramilitar ligado ao partido nazista ainda durante a República de Weimar. Seu uniforme marrom deu aos nazistas a sua caracterização mais corrente, sendo seus apoiadores ou simpatizantes ainda hoje chamados de "os marrons" na Alemanha. Sua função, assim como as de outros grupos paramilitares ligados a outros partidos, era de proteger os membros da cúpula e garantir a segurança dos militantes em comícios e reuniões partidárias. Na prática, a SA servia como um braço violento do NSDAP, confrontava os militantes e simpatizantes dos outros partidos, divulgava a ideologia dos nazistas, promovia humilhações públicas dos inimigos (em especial os judeus) e ocupava espaços públicos em manifestações políticas e demonstrações de força. Durante todo o período de ascensão dos nazistas ao poder, a SA manteve centralidade nas operações dos militantes e nas manifestações partidárias. Imagens dos nazistas durante a República de Weimar quebrando as vitrines de lojas pertencentes a judeus, bloqueando com correntes humanas a passagem de pessoas em uma rua ou em direção a um prédio público, promovendo espancamentos e batalhas campais contra militantes de outros partidos trazem, em geral, membros da SA.

Manifestação da SA em Berlim, em 1933.
(Bundesarchiv, B 145 Bild-P049613. Carl Weinrother)

Nos anos de crises e desespero, recrutando entre ex-soldados que retornaram da Primeira Guerra Mundial, trabalhadores de fábricas e desempregados, a tropa de assalto de Hitler, a associação dos "camisas marrons", bebeu muito do sentimento de camaradagem das trincheiras da guerra. Reuniões em cervejarias, encontros em praças, distribuição de panfletos, colagem de pôsteres, demonstrações de força eram também momentos de confraternização e de sociabilidade que acabavam por conformar a experiência de vários alemães no período. Para muitos, a SA era onde podiam encontrar seus iguais – boa parte da organização era formada por desempregados, proletários e estudantes, para quem as perspectivas que a República apresentava não eram satisfatórias. Nas conversas com vozes altas, risadas e tapinhas nas costas é que vínculos emocionais eram fortalecidos, sempre ao som de discursos antissemitas, antidemocráticos e militaristas. Era naquele ambiente que muitos complementavam sua renda, recebendo uma ajuda de custo do NSDAP por seus serviços ao partido. Gratidão e saudosismo pelo período da guerra conviviam com o ultranacionalismo pregado pelos nazistas, com o ressentimento pelo Tratado de Versalhes e com o orgulho por lutarem contra um sistema que consideravam inadequado para os alemães, em favor de uma "revolução conservadora", como eles mesmos definiam sua luta. Fazer parte da SA era então considerado a essência de ser um nazista.

É bem nítido que a SA teve um papel relevante na ascensão nazista, tanto na confrontação violenta quanto na divulgação da performatividade e ritualística nazista. Eram seus membros que carregavam as tochas nas cerimônias noturnas de festejo, e é de suas fileiras que vieram os primeiros mártires do movimento nazista, dentre os quais se destaca Horst Wessel, um integrante da SA assassinado por um militante comunista em 1930. Wessel escreveu a letra daquele que viria a ser o hino do NSDAP e considerado o segundo hino nacional da Alemanha durante o regime nazista, uma canção que exaltava a camaradagem entre nazistas e a violência contra os comunistas em nome do partido e de seu líder. A mística que se formou em torno de Host Wessel ultrapassaria fronteiras, e quando os alemães perderam a Segunda Guerra Mundial, soldados do Exército soviético destruíram sua lápide na tentativa de evitar a continuidade do culto à sua personalidade, criado pela propaganda nazista.

Nos primeiros 18 meses do regime, a SA manteve seu peso na estrutura nazista quando sua função de confrontação dos inimigos ganhou verniz oficial. Já em fevereiro de 1933, por iniciativa de Hermann Göering, na época o segundo nazista mais poderoso da Alemanha, foi criada a Polícia Auxiliar (*Hilfspolizei*), que seria voltada para o apoio das forças policiais regulares, primeiro na região da Prússia, depois em mais algumas regiões da Alemanha. A imensa maioria dos novos policiais saiu das fileiras da SA, o que serviu como uma incorporação do grupo paramilitar nazista ao aparato oficial do Estado alemão. O "auxílio" que a nova força policial oferecia era perseguição, prisão, tortura e confinamento de militantes comunistas, ações que foram tomadas como oficiais, especialmente após o decreto do estado de exceção e a possibilidade de as forças policiais agirem sem responder juridicamente por abusos cometidos. Os "camisas marrons" transformaram os primeiros meses do regime em um campo aberto para o terror e estiveram no centro de todo o processo de monopolização do poder político pelos nazistas.

Entretanto, esses movimentos para ampliação e oficialização de sua ação fizeram com que a SA chamasse atenção de inimigos e concorrentes, além de aguçar a sede de poder dos líderes de suas fileiras. A experiência da Polícia Auxiliar abriu espaço para novas possibilidades, fazendo com que o comandante maior da SA, Ernst Röhm, passasse a advogar uma ampliação da atuação da milícia. Em meados de 1933, a força que os "camisas marrons" detinham chegava mesmo a colocar em dúvida se a autoridade central dos nazistas estava nas mãos de Hitler ou se era Röhm quem ditava os rumos do movimento, e esse último compreendeu que poderia avançar em suas demandas e ampliar sua influência. Em junho daquele ano, Röhm publicou um artigo na revista *Nationalsozialistische Monatshefte* no qual deixava claro que a SA era o eixo da revolução, e aqueles que não quisessem ou não aceitassem seguir com ela, seriam deixados para trás.

Posicionamentos como esse geraram desconfianças e deram início a jogos de poder que colocavam em campos opostos os principais líderes nazistas. Em 1934, Röhm passou a advogar uma reformulação do Exército alemão, pregando a constituição de um Exército popular, baseado na SA, e a dissolução do Exército regular. Tais ideias alarmaram a cúpula do Exército, que cobrou Hitler por uma contenção das ambições de seus asseclas. Ao mesmo tempo, rumores de que os "camisas marrons" poderiam estar organizando um golpe de Estado passaram a circular, muito provavelmente como fruto das intrigas entre os próprios nazistas. Com o estremecimento das relações com a cúpula nazista e o descontentamento do Exército regular, a SA passou a ser vista como uma ameaça ao novo regime.

Em 30 de junho de 1934 foi dado início à eliminação da cúpula da organização, em um evento que ficou conhecido como Noite das Facas Longas. Sob a acusação de traição, de planejamento de um golpe de Estado e de práticas homossexuais, os principais líderes da SA foram presos e assassinados, incluindo Ernst Röhm. Além da eliminação da liderança, o regime decretou o desarmamento dos membros da SA, que passou a ser uma organização de apoio e controle social, assim como patrulhamento das ruas e apoio à prática de esportes. Seu prestígio desabou após a acusação de traição, e o número de membros inscritos caiu de mais de 4 milhões em 1934 para 900 mil em 1940. Mesmo assim, a SA permaneceu um órgão nazista ativo até o final do regime, em 1945. Com a Noite das Facas

Longas, Hitler eliminou o último obstáculo para sua autoridade, ganhou o apoio da cúpula do Exército e, de certa forma, domesticou a base do regime. No vácuo deixado pela SA no sistema repressor do regime, outra organização paramilitar, a SS, encontrou espaço para se desenvolver e se converter no agente ostensivo da repressão nazista.

## SCHUTZSTAFFEL: A ELITE NAZISTA

A SS (Schutzstaffel), apesar de ter nascido em 1925 como uma formação de elite no interior da SA, voltada à proteção e guarda pessoal dos líderes nazistas, acabou se transformando em algo muito maior do que uma milícia partidária. O desenvolvimento da SS fez com que ela marcasse presença em todo o aparato repressivo do regime. A polícia criminal, a polícia secreta, o Exército, o complexo concentracionário: todos os tentáculos violentos do regime contavam com a participação da SS. Entretanto, ao mesmo tempo que parecia estar em todos os lugares, a organização era pautada por um distanciamento em relação à sociedade, o que, por um lado, garantia uma imagem de seriedade e de rigidez e, por outro, promovia uma certa mística que deixava os cidadãos alemães curiosos, admirados e, ao mesmo tempo, aterrorizados. Como seu principal líder, Heinrich Himmler, chegou a declarar: “Sei que algumas pessoas na Alemanha passam mal ao verem esse uniforme preto, nós entendemos isso e não esperamos ser amados por muita gente”.

Dentro do aparato de poder e repressão do regime, não há um organismo que tenha construído sua imagem de forma tão complexa quanto a SS: uma organização voltada para o terror, para a eficácia e para a violência em nome da ideologia nazista. Ela era um centro de informações e de dados que coletava diretamente na sociedade ou ainda em outros aparelhos do Estado, agindo muitas vezes de forma intrusiva sobre o trabalho de outros órgãos. Reconhecida como a elite do regime, dificilmente era questionada, o que dava a seus agentes liberdade para praticarem atrocidades sem medo de represálias. A ordem era também reconhecida por sua extrema lealdade à liderança de Hitler, tendo defendido e apoiado o Führer mesmo em momentos nos quais sua autoridade titubeava ou estava em risco durante o período republicano. Essa proximidade teve como desdobramento a transformação da SS em um órgão ligado diretamente a Hitler em 1934. Na ocasião, por decreto do Führer, após a Noite das Facas Longas, a SS foi separada de forma definitiva da SA, e seu líder, Himmler, passou a responder apenas e diretamente a Hitler. Essa disposição organizacional aumentou o alcance de ação e facilitou a execução de ordens e planejamentos específicos ditados por Hitler ou por ele sancionados. Sua capilaridade também cresceu significativamente com a passagem das polícias, dos sistemas de segurança e do controle alfandegário para o campo de influência da SS, fazendo com que o território do Reich ficasse praticamente sob sua vigilância e administração.

Movimentos como esses deixavam claro, desde cedo, que o regime de partido único dos nazistas mesclava estruturas de Estado com as de Partido, com a sobreposição de um sobre o outro, a depender da necessidade ou da preferência. O avanço da SS continuou com o início da Segunda Guerra Mundial, quando divisões de combate formadas por membros experientes da SS passaram a atuar no cenário de guerra. As Waffen-SS, como foram denominadas, davam apoio às Forças Armadas no *front* e na organização e repressão nos territórios ocupados. Foi também a SS, em sua divisão da caveira (Totenkopf), que esteve no centro da organização do assassinato em massa levado a cabo nos campos de extermínio, assim como dos Einsatzgruppen, esquadrões de morte enviados aos territórios inimigos recém-conquistados para promover o extermínio imediato de elites culturais, judeus, ciganos e demais grupos identificados como inimigos dos nazistas.

A truculência fria que a SS demonstrava, entretanto, não se assemelhava à brutalidade que a SA exteriorizava em suas ações. A SS era voltada à manutenção de uma ordem, não tinha o caráter "revolucionário" e a propensão para a agitação ruidosa pelos quais os "camisas marrons" eram conhecidos. Sua obrigação primeira era para com Hitler e a ideologia nazista. Como sintetizou uma edição de 1935 do *Das Schwarze Korps*, o semanário ligado à SS, seu dever era "cultivar o espírito nacional-socialista, ou seja, todas as virtudes, as características que a SS manteve nos longos anos de sua trajetória e pelas quais ela se fundamentou: lealdade ao Führer, subordinação e disciplina". Nesse sentido, sua atuação priorizava a conservação do poder e do *status quo* nazista, deixando a agitação das massas e a difusão da ideologia para o Ministério da Propaganda.

Duas questões, entretanto, devem ser sublinhadas quando caracterizamos a SS como uma organização central na estrutura de poder do regime nazista. A primeira delas é que a ordem era um projeto consciente de formação de uma elite nazista. Isso não quer dizer apenas que, naquele regime racial, "exemplos perfeitos de arianos" fossem selecionados para compor suas fileiras. Após 1934, a SS se configurou como um receptáculo de indivíduos bem instruídos, com formação superior, provenientes da classe alta, da classe média urbana e mesmo da antiga nobreza aristocrática alemã. Aqueles membros de primeira hora, que tinham composto a guarda dos líderes nazistas na República de Weimar, em sua maioria provenientes da classe trabalhadora e do exército desmobilizado, passaram a dar lugar a essa velha nova elite. Essa transformação nas fileiras da SS ocorreu de forma extremamente rápida. Em 1939, apenas 10% dos velhos combatentes nazistas ainda se mantinham na organização, compondo sua liderança junto aos novos ingressantes "elitistas". Esse novo *status* gerou em muitos alemães ricos e proeminentes o desejo de se juntar a essa "nova aristocracia", ou, ainda mais importante, mostrar publicamente que faziam parte dessa elite. Para tais casos, criou-se a possibilidade de outorga do título de Líder Honorário a pessoas influentes e de interesse para a ordem, que passavam a ter o direito de vestir o uniforme da SS e se apresentar como membro dela em situações solenes. Na dinâmica do Terceiro Reich, muitas vezes, a visualidade do pertencimento se tornava mais importante do que a crença ideológica ou a identidade política alinhada com os nazistas.

Cerimônia da SS em honra de Heinrich I, da Saxônia, uma das diversas formas de cultuar a "herança germânica" e, ao mesmo tempo, valorizar a imagem da SS.
(Bundesarchiv, 183-H08447)

Na busca pela fundamentação e justificação dessa nova elite, Himmler e a cúpula da ordem não pouparam esforços para criar uma tradição própria da SS. Por exemplo, o Reichsführer-SS (líder nacional da SS) montou um círculo em torno do castelo de

Wewelsburg, buscando aliar uma mitologia da superioridade ariana com raízes históricas de cavaleiros que haviam habitado o local, criando um elo com a SS que se manifestaria em rituais realizados no castelo. Também são conhecidos os esforços de escavação arqueológica promovidos pela Ahnenerbe, grupo de arqueólogos e historiadores ligados à SS que buscavam comprovar as teorias raciais nazistas através da recuperação de artefatos dos antigos germânicos e nórdicos. Da mesma forma, havia trabalhos de cultivo de memórias e rituais que relembravam figuras proeminentes da história alemã, como Carlos Magno, Heinrich I da Saxônia, Frederico Barbarossa, Frederico II Hohenstaufen e Frederico II Hohenzollern. Tais esforços deram origem a um verdadeiro culto da herança germânica (que não raras vezes ganhou ares ocultistas), que exaltava os antepassados germânicos e apontava para a SS como sua expressão mais fiel e mais evoluída.

A segunda questão que permitiu que a SS se tornasse central na estrutura de poder do regime foi a constituição de um *modus operandi* da SS, ou seja, uma forma de atuação que caracterizava a organização e era percebida como tal pela população: a exaltação e defesa da "raça" ariana, a abordagem fria e calculista de qualquer problema social – em especial os ligados ao racismo – e a crença de uma superioridade dos membros da ordem frente à população em geral, que, diferentemente dos integrantes da SS, seria tomada por paixões e irracionalidades. De fato, o que temos a partir desse desenvolvimento da SS é uma composição dupla no eixo do regime emocional nazista: por um lado, a "sobriedade", o "domínio da técnica" e o "distanciamento", típicos da imagem da SS, e de outro, as "paixões", o "ódio" e o "espetáculo", próprios da propaganda. Essa dicotomia marcou o cotidiano do regime, as vivências dos alemães nos 12 anos da ditadura nazista.

## GESTAPO: POLÍCIA SECRETA

Outra peça importante para compreender a estrutura de poder do regime nazista é a polícia secreta, a Gestapo, possivelmente o órgão mais temido pelo alemão comum – e também pelos partidários e oficiais – durante o Terceiro Reich. Graças ao permanente estado de exceção no qual se desenvolveu o regime hitlerista, a polícia secreta tinha livre curso para vasculhar a vida de qualquer cidadão, independentemente de ter sido acionada pelo aparato de Justiça ou por alguma denúncia anônima. Não havia mais liberdade de comunicação ou sigilo de correspondência: tanto o correio quanto as ligações telefônicas podiam ser monitoradas de acordo apenas com o interesse ou a necessidade da própria Gestapo. Isso, claro, deixava todos os cidadãos à mercê das forças de segurança, com uma sensação de permanente vigilância e vulnerabilidade. Reinhard Heydrich, um dos principais nomes da SS e que esteve envolvido também na criação e administração da Gestapo, afirmou que ela foi criada "em uma mistura de medo e terror".

Sede da Gestapo em Berlim à época em que foi atuante.
(Bundesarchiv, 183-R97512)

Criada em 1933 para investigar e espionar a vida dos adversários políticos dos nazistas, principalmente nas redes de sociabilidade da esquerda alemã, a Polícia Secreta do Terceiro Reich tinha um contingente bem menor do que se acreditava à época. Estima-se que ela contava com um corpo de 15 mil policiais para realizar a tarefa de vigiar todo o país (apenas para fins de comparação, na Stasi, a polícia secreta da República Democrática Alemã entre 1950 e 1989, havia cerca de seis vezes mais). A Gestapo tinha uma linha bastante diferente de outros órgãos repressores, como a SA e a SS, não apenas por suas ações serem de natureza secreta, mas também por não serem ostensivamente ideológicas. É claro que ela servia a um regime ultraideológico, mas o que movia seus membros era o processo investigativo sobre elementos discordantes, disruptivos e hostis, não a defesa apaixonada do nazismo. Isso fazia com que seu trabalho cotidiano se assemelhasse muito mais àquele desempenhado em um departamento de polícia civil do que em um quartel-general miliciano – sem considerar, claro, a prisão preventiva, a tortura e os espancamentos que eram parte regular de seu processo investigativo. Não é de surpreender, portanto, o fato de os membros da Gestapo não serem militantes de longa data do partido ou mesmo fanáticos seguidores da ideologia, mas sim policiais de carreira, recrutados por sua capacidade de investigação e pelos resultados que obtinham em seu trabalho.

Apesar de ser uma força pequena e mal aparelhada, a Gestapo cumpria muito bem o papel de causar insegurança na população e levá-la a se alinhar às perspectivas do regime. Isso ocorria porque a Polícia Secreta contava com um apoiador de peso, que estava sempre a postos para denunciar qualquer passo em falso dos alemães: a própria população alemã. Estudos mostram que a maior parte das investigações promovidas pela Gestapo partia de denúncias feitas por vizinhos, parentes ou amigos dos denunciados, e não eram instadas pelo Estado ou por outros órgãos do aparato repressor, como a Polícia Criminal (*Kripo*). Isso provinha de um clima de denuncismo que não era apenas incentivado pela proteção do regime, mas também pela busca individual de uma imagem de cooperação e de alinhamento com o sistema. Denunciar os potenciais inimigos dos nazistas significava parecer um bom cidadão, mantendo longe de si os olhos e as mãos do sistema.

Isso não quer dizer que o Estado ou a cúpula nazista não utilizasse a Gestapo para vigiar e perseguir seus inimigos. Um exemplo desse expediente, e de sua rapidez, é o caso de Edgar Jung, advogado que defendia uma ditadura elitista e conservadora, sem a participação dos nazistas. Em seu intento de derrubar Hitler, aproximou-se de Franz von Papen, então vice-chanceler alemão. Em 17 de junho de 1934, Von Papen fez um famoso discurso na Universidade de Marburg, no qual alertou sobre os perigos do culto à personalidade e da censura da imprensa que eram promovidos pelos nazistas. Incomodado, Hitler respondeu no mesmo dia com um discurso que diminuía a fala de Von Papen e exaltava o regime nazista. Também instou Himmler a acionar a Gestapo, que descobriu, por meio de escutas telefônicas, que o discurso proferido por Von Papen havia sido escrito, na verdade, por Jung, e que ele organizava agora a distribuição do texto visando provocar uma crise na ditadura nazista. Em 25 de junho, Jung foi preso no campo de concentração de Oranienburg enquanto mais investigações eram realizadas. Cinco dias depois ocorreu a Noite das Facas Longas e, em meio ao caos instalado nas prisões, Edgar Jung acabou assassinado.

O destino de Edgar Jung está longe de ser uma exceção. As investigações contra inimigos políticos nos primeiros meses do regime foram parte essencial da estratégia de poder nazista, fazendo com que a Gestapo ganhasse projeção no imaginário da repressão. Calcula-se que cerca de 40 mil indivíduos tenham sido presos pela Gestapo entre 1933 e 1934, e desses cerca de 6 mil foram assassinados nos campos de concentração e prisões especiais espalhadas pelo país.

Em julho de 1934, ainda uma nova peça foi criada para facilitar a repressão e a contenção de inimigos do regime: o Tribunal do Povo (Volksgerichtshof), diante do qual eram levados os acusados de grandes crimes políticos e contra o povo alemão para receberem um julgamento, ou melhor, uma condenação, rapidamente. O Tribunal do Povo ganhou notoriedade por seus julgamentos implacáveis e amplamente divulgados contra os inimigos dos nazistas, projetando a figura de Roland Freisler, presidente do Tribunal, como principal juiz nazista e responsável por mais de 2.500 condenações à morte.

A Gestapo manteve seu papel fundamental de espionagem, investigação e repressão durante todo o período nazista, e continuou a perseguir os inimigos do regime até 1945. Seu *modus operandi* seguiu os mesmos padrões dos primeiros meses. Foi assim no caso da prisão de Käthe Larsch, esposa do operário e membro do partido comunista Rudolf Larsch. Quando Rudolf foi preso, em janeiro de 1933, na primeira onda de repressão aos comunistas, Käthe permaneceu cuidando de seus quatro filhos na cidade de Essen. Condenado como inimigo do Estado por participar de uma célula de luta antifascista do KPD, Rudolf Larsch foi enviado para o campo de concentração de Buchenwald, próximo à cidade de Weimar. Na casa dos Larsch, entretanto, as ações de resistência continuaram, e uma pequena gráfica foi instalada na residência. Folhetos antinazistas e de apoio às ações comunistas saíam de lá escondidos para serem distribuídos pela cidade. Mas uma denúncia à Gestapo levou agentes até a residência dos Larsch, onde descobriram os materiais de impressão. Sem necessidade de qualquer trâmite jurídico, Käthe foi levada para prestar depoimento sobre o que havia sido encontrado, e as crianças ficaram sozinhas na casa. No mesmo dia um agente as levou para um orfanato da cidade, no qual sofreriam constantes maus-tratos por serem "filhos de comunistas". A mãe, por sua vez, passou três dias sendo torturada com espancamento e privação de sono. Quando ficou claro que os agentes haviam causado lesões irreversíveis, ela foi encaminhada para um hospital psiquiátrico. Lá, os médicos indicaram o "estado de confusão" e constataram lesões por todo o corpo, mas continuaram a interrogá-la, para tentar obter mais informações para a Gestapo. Sem sucesso. Quatro dias depois foram ministradas duas injeções na prisioneira, que veio a falecer, conforme o registrado, em razão de parada cardíaca.

O caso de Käthe Larsch demonstra a um só tempo a ação tipicamente policial, por um lado, e a violência extrema empregada pela Gestapo, de outro. Sem precisar responder a qualquer procedimento jurídico, invadindo a privacidade dos suspeitos de serem inimigos do Estado, contando com uma rede e uma cultura denuncista, e empregando livremente a violência, a Gestapo lançava sobre toda a população uma sombra de medo e de dúvida constante. Mas sua capacidade de fazer com que a população se "autogovernasse", ou seja, cuidasse de andar na linha ideológica estipulada pelos nazistas e ficasse aterrorizada com a possibilidade de a Gestapo persegui-la, foi o maior triunfo dessa política de terror. Quando os agentes buscaram Käthe em sua casa, os vizinhos acompanharam a cena, viram a mulher que cumprimentavam todos os dias ser levada pela polícia secreta e não mais voltar para cuidar de seus filhos. A repressão psicológica se alimentava dessas imagens, do sentimento de impotência e de suspensão da segurança jurídica, da constante sensação de que qualquer um podia se transformar, em algum momento, em um indesejável do regime.

Com essa estrutura, a ditadura nazista estabeleceu a base para a repressão e a imposição de seu governo totalitário e racista. É preciso reforçar que essa estrutura não pode ser descartada na análise do regime, mesmo quando consideramos a vida cotidiana e considerada "normal". Mesmo nesse campo, a projeção da estrutura de poder e de repressão dos nazistas estava presente, seja como um dispositivo desmobilizador e punitivo, uma sombra que impulsionava o medo e o terror na sociedade, ou ainda como projeção aspiracional, como a imagem idealizada de uma nova ordem à qual os indivíduos almejavam e se pretendiam sujeitos ativos. Ao mesmo tempo, entretanto, os indivíduos seguiam com suas vidas na Alemanha nazista, e durante os 12 anos de ditadura buscaram construir seu destino e conviver, de uma forma ou de outra, com essa estrutura.

## BIBLIOGRAFIA RECOMENDADA

Evans, Richard. *A chegada do Terceiro Reich*. São Paulo: Crítica, 2017.
Evans, Richard. *O Terceiro Reich no poder*. São Paulo: Crítica, 2017.
Koehl, Robert Lewis. *História revelada da SS*. São Paulo: Crítica, 2021.
McDonough, Frank. *Gestapo*. São Paulo: Leya, 2016.
Ulrich, Völker. *Adolf Hitler:* os anos de ascensão. São Paulo: Amarilys, 2015.

## FILMOGRAFIA RECOMENDADA

Duguay, Christian. *Hitler – a ascensão do mal*. Estados Unidos, 2003. 182 min.
Fassbinder, Rainer. *Lili Marlene*. Alemanha, 1981. 111 min.
Holland, Agnieszka. *Europa, Europa – Filhos da Guerra*. França, 1990. 114 min.
Reed, Carol. *Gestapo – trem noturno para Munique*. Inglaterra, 1940. 95 min.

# O NAZISMO E A SOCIEDADE

Não existe fórmula mágica para um partido e uma ideologia ganharem espaço em uma sociedade. Por algum tempo, a imagem que se fazia do período nazista era a de um regime totalizante que havia tomado de assalto um país e o mantido refém durante 12 anos. Essa imagem convivia ainda com uma outra, que passava a ideia de que os alemães haviam sido hipnotizados pelos nazistas, tomados por uma paixão política e ideológica, e seguiram cegamente as ordens do ditador. Na mescla dessas duas projeções, restava a certeza de um país fechado, violento e racista.

É claro que uma ditadura, em especial uma com a violência empregada pelos nazistas, terá como alvo os possíveis opositores do regime e irá persegui-los. Isso significa que parte da população, de fato, deve ter se sentido refém durante 12 anos, quando não foi perseguida, presa ou assassinada. Por outro lado, também é verdade que a ideologia nazista encontrou em grande parcela da população um terreno fértil, indivíduos que aceitaram e acreditaram de corpo e alma nas ideias e nas promessas dessa ideologia, convertendo-se em fanáticos que não tinham quaisquer escrúpulos em sua busca por uma sociedade racialmente hierarquizada, na usurpação de territórios no Leste, na eliminação de inimigos políticos e na construção de um regime totalitário. Isso sem falar nos inúmeros oportunistas, que viram na "nova ordem" uma chance de ascenderem socialmente, de conseguirem uma projeção econômica e social.

Nos capítulos anteriores, vimos os contornos da ideologia nazista e como essa ideologia se adornou do Estado e sua estrutura para estabelecer uma ditadura de cunho totalizante. Também vimos como o NSDAP se tornou o único partido do sistema e sua estrutura, pouco a pouco, se emparelhou com a do Estado, criando um regime "bicéfalo", com estruturas partidárias e estatais competindo em alguns momentos e, em outros, colaborando ou mesmo se mesclando. Dentro dessa complexa disposição, a cúpula nazista se mantinha soberana, organizando suas ações. Mas quem eram os indivíduos que compunham as fileiras nazistas, e como eram recrutados? Como os nazistas tentavam convencer os alemães de suas ideias, e como buscavam manter essas ideias vivas durante o regime? Quem votou nos nazistas? Quem os apoiou?

## UM REGIME VISUAL

Os nazistas compreenderam desde muito cedo que a visualidade e a propaganda seriam partes essenciais de sua ascensão e de seu regime. A propaganda serviria não apenas para a persuasão e conquista de novos adeptos, mas também para a doutrinação desses novos membros para que eles continuassem levando as palavras da ideologia para a sociedade, buscando a expansão constante do movimento. No segundo momento, a propaganda procuraria destruir a realidade, ou seja, a partir de sua mensagem, modificar a percepção das pessoas sobre seu contexto, enquanto os militantes trabalhariam para atingir os fins ideológicos, isso é, chegar ao poder e implementar suas propostas. Essa dinâmica projetada – e executada – pelos nazistas deixa claro que eles entenderam a modificação mais fundamental do espaço público no início do século XX: o advento da política de massas. Tal percepção fez com que os nazistas direcionassem suas mensagens não ao campo racional dos alemães, mas às suas emoções.

A República de Weimar foi um período conturbado e com crises constantes que levaram ao desgaste do próprio sistema. Partidos extremistas, como o NSDAP, exploravam isso e mobilizavam seus militantes e simpatizantes com manifestações públicas e através da propaganda.

Os estudos historiográficos sobre a propaganda nazista vêm, há tempos, questionando a sua real eficácia como agente modificador das mentes e das percepções dos indivíduos. Alguns historiadores afirmam que o maior feito da propaganda nazista foi criar o mito de sua onipotência. Outros ainda indicam que a propaganda tinha efeito em um nível centralizado e superior da consciência dos cidadãos, mas que questões regionais e saberes locais eram muito mais difíceis de serem transpostos, fazendo com que a propaganda enfrentasse sérios obstáculos em alguns espaços. Um indivíduo em Bremen ou em Munique poderia ter dificuldades em apreender, por exemplo, a mitologia justificadora do poder central que ligava Hitler a Bismarck e Frederico II, figuras da história prussiana. Por isso, a propaganda nazista buscou inserir, regionalmente, contribuições específicas desses espaços para a constituição da "comunidade do povo", que era, afinal, seu foco central.

O processo de vinculação de uma tradição regional ou local com o projeto de centralização do regime nazista e de formação de uma comunidade do povo – uma imagem de sociedade que ultrapassava as identidades regionais e as fronteiras do federalismo – recebeu grandes esforços do Ministério da Propaganda. Alfred Rosenberg, por exemplo, escreveu, em 1942, que o Terceiro Reich não teria apenas uma capital, Berlim, enquanto todas as outras cidades seriam relegadas ao *status* de províncias. A mescla desse centralismo com os regionalismos foi mesmo apontada por ele como um dos objetivos nazistas: "Construir uma unidade sem abandonar a personalidade, e uma diversidade sem qualquer traço de desunião".

### As massas

A ideia de uma *sociedade de massas* foi trabalhada por vários autores em diferentes períodos, mas ela se refere, essencialmente, às transformações que a sociedade vivencia a partir do início da Era Contemporânea, com a massificação da economia, da indústria e, também, da política. Trata-se de um movimento de conformação das sociedades a uma nova era de produção que atinge todos os níveis na qual, como afirma Umberto Eco, a "massa de cidadãos se vê participando, com direitos iguais, da vida pública, dos consumos, da fruição das comunicações". Autores como Theodor Adorno, Max Horkheimer e Elias Canetti escreveram tratados fundamentais para compreender esse fenômeno, em especial na primeira metade do século XX. Para compreender o nazismo, portanto, é necessário compreender também a natureza de uma sociedade de massas e seus desdobramentos no campo da política. A teórica Hannah Arendt apontou para essa relação quando indicou o processo de atomização social na base da sociedade alemã que antecedeu ao nazismo. A atomização social diz respeito ao progressivo distanciamento dos indivíduos da "coisa pública", legando a política para os "políticos profissionais", e à falta de ligação entre os indivíduos, seja em torno de uma consciência de classe, de grupo social, de interesses ou de pertencimento. Nesse cenário, os indivíduos se encontram dispersos, em fluidez política, sem uma identidade política que os leve a se engajar em discussões ou a agir no campo público. Esse cenário é bastante comum ainda hoje, em sociedades que prezam pelas conquistas pessoais e por uma imagem de sobrecarga que indicaria algum sucesso profissional. Esse distanciamento do campo público, entretanto, transforma os indivíduos em átomos dispersos em suas sociedades, causando uma certa alienação política. Como descreve Arendt, "potencialmente, as massas existem em qualquer país e constituem a maioria das pessoas neutras e politicamente indiferentes, que nunca se filiam a um partido e raramente exercem o poder de voto". Entretanto, em momentos de crise (econômica, política, institucional, moral), elas podem vir a ser mobilizadas por sua insatisfação. É na emocionalidade que se encontra o vetor principal de mobilização das massas, seja pelo medo, pela raiva, pelo desamparo, pela desesperança, pelo orgulho. Aqui se encontra a razão de a propaganda ser peça fundamental na conquista dessas massas e também na sua mobilização constante, pois a partir do uso de imagens e de slogans específicos as massas podem ser atraídas e alinhadas a partidos e a políticos que respondam às suas frustrações.

O prefeito de Munique, Karl Fiehler, resumiu, em sintonia com a cultura *völkisch*, a base ideológica dessa combinação, afirmando que "a cultura, a produção criativa (do povo) vem das forças primordiais e incompreensíveis das tribos individuais; ela tem seu berço na terra". Era necessário, portanto, ligar os particularismos das cidades e regiões com a expressão maior da cultura alemã nazificada. Em Hamburgo, por exemplo, uma cidade portuária com uma longa tradição ligada à sua condição de cidade-livre e hanseática, o simbolismo nazista foi combinado com os ícones e emblemas da cidade, "atualizando" símbolos centenários. Além disso, ela foi celebrada como capital alemã da navegação, promovendo assim uma junção de sua tradição mais específica (regional) com o novo direcionamento para uma comunidade alemã (nacional). Os planos nazistas para a cidade incorporavam essa história e vocação marítima, com projetos de uma ponte de 180 metros de altura sobre o rio Elba e de um porto gigante que celebrasse a tradição hamburguesa e causasse frisson naqueles que chegassem de barco à cidade. Vinculavam-se, dessa forma, o orgulho local com o orgulho nacional e o impulso técnico-modernizador nazista.

Mas a imagem regional mesclada com a unidade nacional era apenas uma das estratégias para construir pontes emocionais entre os indivíduos e o regime. Ainda no período do movimento, antes da ascensão ao poder, os nazistas utilizavam a propaganda para mobilizar a população em torno de temas específicos, como o Tratado de Versalhes e as crises econômicas. Nesse momento, as emoções que se projetavam giravam em torno da vergonha da derrota, da humilhação imposta, da honra perdida, da teoria conspiratória que apontava comunistas e judeus como os reais causadores da derrota. Era o período da "luta". Nessa fase, o departamento de propaganda do NSDAP contou com diferentes condutores até chegar a Joseph Goebbels, que, em 1933, acumulou o cargo com o Ministério da Propaganda. Em sua estrutura, divisões eram feitas para incluir dirigentes em níveis estaduais, distritais e municipais. Isso serviu algumas vezes para adaptar disposições gerais para o nível mais local, ou para identificar dificuldades na difusão da ideologia em células menores. De forma geral, entretanto, a mensagem, os slogans e as imagens propagandísticas vinham de uma ordenação central, que apontava para a busca de uma identidade comum em contraposição aos outros partidos. No período republicano, essa estratégia serviu à conquista dos votos de diferentes grupos sociais.

## A MULHER NAZISTA

Esse foi o caso do voto feminino, que os nazistas buscaram disputar especialmente a partir de 1930. O NSDAP era um partido masculino em sua essência, não tendo uma política de inscrição feminina, como tinham os outros partidos, em especial os da esquerda. Para uma mulher se filiar ao partido nazista, era desejável que ela tivesse uma função no próprio partido, como, por exemplo, secretária ou cozinheira, ou ter um emprego por eles considerado próprio de mulheres. A visão de mundo nazista impunha grandes restrições à filiação feminina, levando essa parcela da população a uma posição marginal na organização partidária. Ainda que elas, por iniciativa própria, pudessem organizar grupos e encontros de simpatizantes para a divulgação da ideologia, para a cúpula nazista não eram prioridade.

Contudo, com a crescente popularidade dos nazistas, em particular depois de 1929, o partido começou a dar atenção para essa parcela do eleitorado, com o objetivo de enfrentar os outros partidos, que tinham grupos de mulheres militantes, organizavam encontros, chás e eventos e tinham, em geral, políticas bem definidas para esse grupo. O pouco ou nenhum apoio do NSDAP às mulheres nazistas se refletia nos números de partidárias: em 1933, elas eram apenas cerca de 5% dos filiados, o que contrastava com o fato de que as mulheres maiores de 20 anos tinham direito ao voto na Alemanha desde 1918, constituindo uma parcela nada desconsiderável do eleitorado. Após a ascensão ao poder, houve um período de suspensão de novas filiações, mas em 1937, ao retomarem esse expediente, decidiu-se facilitar a inscrição de mulheres no NSDAP. Isso possibilitou um crescimento na taxa de mulheres no partido, que subiu para 10% naquele ano e para 16% em 1938, chegando a quase 20% durante a guerra. Apesar disso, apenas homens podiam assumir posições de liderança no partido e se lançar como candidatos, e apenas homens assumiam posições de autoridade em qualquer instância governamental durante o regime. A violência intrínseca à mobilização nazista, as batalhas campais nas ruas das cidades alemãs e os comícios cada vez mais agitados e agressivos também tinham a tendência de manter as mulheres longe da política partidária. A despeito de todos esses elementos, mulheres ainda votavam no NSDAP e se engajavam ideologicamente no partido, mesmo que seus adversários de esquerda, em especial o SPD e o KPD, defendessem a igualdade entre homens e mulheres, bem como maior acesso ao trabalho e aos estudos para elas.

Mais do que isso, as propostas nazistas para as mulheres pareciam ir contra os interesses delas, defendendo uma clara separação entre o campo público (da política, do trabalho e da liderança) masculino e o campo privado (da administração do lar, da maternidade e do cuidado) feminino. Nazistas pregavam abertamente que as mulheres casadas deveriam ser demitidas para que homens ocupassem seus empregos, uma vez que as casadas já tinham quem as sustentasse e estariam tirando a oportunidade de sustento de outra família – um tema particularmente popular desde a Primeira Guerra, graças às altas taxas de desemprego que existiam na Alemanha. A educação feminina, pregavam os nazistas, deveria preparar as mulheres para os desafios de gerar e criar os seus filhos, o futuro da Alemanha. Elas não deveriam ambicionar carreiras em empresas e nem no serviço público, que seriam espaços masculinos. Mulheres teriam que se restringir aos "três Ks": *Kinder*, *Kirche*, *Küche*, ou seja, crianças, igreja e cozinha, de acordo com visões conservadoras popularmente difundidas na sociedade.

Todas essas posições pareciam ir de encontro à realidade feminina na Alemanha do entreguerras, que vira as mulheres ganharem espaços no campo público. Durante a Primeira Guerra Mundial, mulheres assumiram espaços antes reservados apenas aos homens no mercado de trabalho. No pós-guerra, muitas continuaram trabalhando, competindo por postos com os homens que haviam voltado do conflito. Esses avanços femininos eram vistos como uma anomalia da modernidade liberal pelos nazistas, que acreditavam que um Estado *völkisch*, racista e conservador iria devolver as mulheres ao "seu verdadeiro lugar". Às viúvas e jovens pobres cabia ao Estado prover ou garantir empregos adequados, a fim de que não se desvirtuassem do que era visto como o "natural" feminino, tampouco fossem expostas a elementos considerados nocivos – como patrões judeus.

Mas qual era a posição das mulheres nessa batalha de visões de mundo, afinal? Ainda que muitas delas estivessem no mercado de trabalho e estivessem se politizando naquele contexto republicano, buscando compreender seus direitos e os possíveis avanços sociais que poderiam vir de seu voto, a maioria delas estava ainda longe dessa realidade. Era apenas nos grandes centros que se podia verificar uma ainda incipiente consciência política e engajamento feminino, e mesmo nessas cidades muito dessa educação política era mediada pela Igreja ou pela família, espaços majoritariamente conservadores. Além disso, a ampliação do mercado de trabalho, agregando também as mulheres, colocou-as de forma ativa no contexto de crises de Weimar, fazendo-as competir com os homens em um universo inconstante e frágil. Ou seja, mesmo as mulheres que se mantinham ativas no campo de trabalho podiam se ressentir dessa situação, podiam almejar um tempo em que as pressões que a sociedade e o trabalho impunham sobre elas acabassem e, talvez, elas pudessem viver uma vida doméstica, deixando a seus maridos a tarefa de prover para a família. O conservadorismo da sociedade alemã era bastante claro, e era esse discurso que mais encontrava eco no voto feminino. Um dos partidos que mais se beneficiou do voto das mulheres na República de Weimar, o Partido de Centro (Zentrumspartei), trazia em suas propagandas voltadas para o público feminino alusões às crianças e à vida religiosa, que eram vistas como um apelo a favor da família. As taxas de desemprego dos homens, tomadas como um desafio familiar, também eram consideradas uma pauta feminina e foram exploradas por vários partidos, inclusive o SPD.

Ao compreender que não iria conseguir aumentar seus votos sem dialogar com as mulheres, o NSDAP decidiu começar a apostar nessas imagens, buscando uma aproximação com o eleitorado feminino que tinha, em sua maioria, um olhar voltado para a proteção de suas famílias.

## A IMAGEM DA "NOVA" MULHER

Esse movimento de aproximação ocorreu primeiramente por meio da propaganda. Por algum tempo, a historiografia focou suas análises sobre o triunfo nazista na oratória de Hitler, e indicava mesmo que as mulheres eram seu alvo mais suscetível por serem indivíduos mais "emocionais" do que os homens. Até mesmo um suposto *sex-appeal* de Hitler sobre as mulheres já foi sugerido. Tais conjecturas podem até encontrar respaldo em alguns testemunhos individuais da época, mas não devem ser entendidas como razões fundamentais para o apoio feminino. Antes, a propaganda nazista direcionada às mulheres focava justamente no receio que muitas delas tinham acerca do destino de seus filhos, da fome, do futuro. As imagens utilizadas nos pôsteres que visavam ao apoio feminino exortavam as mulheres alemãs a salvarem a família e o futuro da Alemanha votando no NSDAP. Hitler surgia aqui como o salvador da pátria, responsável pela salvaguarda da família alemã contra o desespero e a insegurança que a República causava. Após 1929 e a crise econômica, esses sentimentos estavam ainda mais presentes, tornando o discurso nazista mais atrativo.

As mulheres passaram a figurar em materiais de propaganda em geral, retratadas como elementos constituintes da grande "comunidade do povo" que os nazistas visavam promover. Quase sempre com um bebê no colo ou uma criança abraçada a suas pernas, as imagens das mulheres transmitiam acolhimento e condiziam com a "função social" que os nazistas creditavam a elas: o de mães e cuidadoras do povo. Essas imagens eram muito bem recebidas por grande parte das mulheres, que acreditavam que seu papel materno e conjugal era algo inseparável de sua identidade alemã. Era, dessa forma, que se alimentava o sentimento nacionalista dessas mulheres que assim se viam como membros ativos da "comunidade do povo". Além disso, as mensagens dos nazistas podiam ser atraentes também para mulheres solteiras, tanto por sua ênfase no casamento e suas promessas de constituição familiar quanto pelo compromisso de acabar com os empregos das mulheres casadas, o que abriria espaço no mercado de trabalho para as mulheres solteiras. Também não é descartável o fato de que o direito ao voto conquistado pelas mulheres era o suficiente para muitas delas, que acreditavam que isso "igualava" homens e mulheres politicamente e que, com o voto, o trabalho político das mulheres estava terminado. Muitas não estavam dispostas a investir na política para além dos períodos eleitorais. Alguns historiadores apontam ainda que a República e seu chamamento público às mulheres por meio do voto feminino podiam não ser atrativos. A responsabilidade que o voto trazia era algo que muitas não haviam desejado e rejeitavam, levando-as a se oporem ao próprio sistema republicano, uma posição que compartilhavam com os nazistas. Enfim, a defesa de um regime autoritário, masculino e decisionista surgia para muitas como uma promessa de liberdade, uma forma de se livrar de todas essas cargas e responsabilidades que a modernidade e a democracia pareciam jogar sobre elas.

*Gesunde Eltern – gesunder Kinder!* (Pais saudáveis – filhos saudáveis!). Cartaz de propaganda da brochura de mesmo título que explicava as políticas nazistas de combate às doenças hereditárias, 1939. (Deutsches Historisches Museum, 1990/533)

Esse perfil, claro, não era uma unanimidade entre as mulheres alemãs. Ainda que demonstrasse ser um partido que conseguia atrair votos de todos os espectros econômicos e sociais, existiam dois perfis femininos que não foram cooptados pelo NSDAP e que impuseram uma resistência maior à ideologia e ao partido nazistas. Em primeiro lugar, as militantes de outros partidos, em especial os da esquerda, ou seja, as mulheres que estavam envolvidas com o SPD ou o KPD e que se opunham totalmente à visão sobre as mulheres que o NSDAP propagava. Essas se esforçaram muito nos anos entre 1930 e 1933 para alertar as alemãs sobre o perigo da ascensão nazista e sobre o lugar reservado à parcela feminina da população em sua visão de mundo. Clara Zetkin, política ligada ao KPD e figura incontornável nesse contexto, não só lutava no Parlamento pelos direitos femininos como também denunciava os nazistas e a ascensão do fascismo na Europa. Cartazes com imagens de homens em uniformes nazistas e mulheres ajoelhadas a seus pés eram comuns nos períodos eleitorais, mas pouco fizeram para frear o avanço do NSDAP. Além das mulheres de esquerda, as mulheres católicas das pequenas e médias cidades que, em geral, tinham compromissos duradouros com outros partidos e com instituições da própria comunidade religiosa também costumavam ser reticentes. Tais engajamentos as levavam a aguardar pelo posicionamento da Igreja sobre o nazismo, o que demorou para ocorrer. Foi apenas em julho de 1933, com a assinatura da Concordata entre a Igreja e o Terceiro Reich, que as desconfianças começaram a se dissipar.

Por outro lado, é possível destacar que, nas primeiras fases do movimento nazista, mulheres estiveram presentes em uma parte muito importante da ação militante: o financiamento. As doações de quantias substanciais por parte de senhoras da alta sociedade alemã ajudaram a manter o partido em seus primeiros anos. Uma das parcerias femininas mais bem documentadas do período anterior ao regime nazista é a de Helene Bechstein, esposa do herdeiro da fábrica de pianos C. Bechstein e uma presença constante na alta sociedade de Berlim durante a República de Weimar. Ela pode ser apontada como a primeira grande patrocinadora de Hitler, a quem se dirigia de forma maternal. Empréstimos pessoais constantes para o Führer e financiamento da estrutura partidária fizeram dela uma das poucas pessoas a terem acesso direto a Hitler a qualquer momento, durante todo o Terceiro Reich.

Winifred Wagner, nora de Richard Wagner, por sua vez, não apenas doou muito dinheiro ao NSDAP como também emprestou o prestígio de sua família e tornou Hitler um convidado frequente em Bayreuth, a capital da ópera wagneriana. Nessa cidade, as óperas de Wagner ganhavam uma conotação mítica, como produtos culturais germânicos que expressariam a essência mais profunda da cultura alemã. Tais relações ajudam a compreender também que o nacionalismo e o conservadorismo defendidos pelos nazistas podiam ganhar um espectro bastante amplo do campo feminino alemão, com algumas mulheres atuando, inclusive, de formas decisivas no movimento nazista.

Para além do financiamento, em tempos de eleições, mulheres podiam colaborar com NSDAP de outras formas. Através de suas instituições partidárias voltadas às alemãs, os nazistas angariavam apoio feminino, convertiam-nas em arautos de sua ideologia e promoviam a experiência feminina nazista. Essas instituições foram criadas ainda durante a República de Weimar e se tornaram espaços ativos na difusão ideológica e na orientação das ações femininas até o final do Terceiro Reich, em 1945. Eram percebidas como espaços exteriores ao campo político (afinal, esse seria uma esfera masculina). Nesse caso, a inserção de mulheres era abrangente, ao contrário do que ocorria nas fileiras do próprio partido, e muito mais popular: estima-se que, antes da eclosão da guerra, as organizações femininas do NSDAP contavam com mais de 10 milhões de inscritas, o que significa que cerca de um terço das alemãs participavam de suas estruturas partidárias.

Nesses espaços femininos dos nazistas, as mulheres adotavam uma imagem específica de feminilidade, baseada na crença de que deveriam resguardar o campo familiar para que os homens desenvolvessem o Estado e o protegessem. De seu ponto de vista, a possibilidade de atuação no campo público era trocada pela segurança, para que elas pudessem preservar sua "natureza feminina" longe dos perigos que a modernidade trazia. Não importava que as leis e a força estivessem em mãos masculinas, voltadas inclusive para regular e configurar as ações das mulheres alemãs, nem que seus corpos fossem controlados para que suprissem expectativas masculinas: sua força era encontrada justamente na maternidade e na missão de renovar e preservar a saúde da "comunidade do povo".

## O PAPEL FEMININO NA PRÁTICA

Tal visão conservadora do papel feminino era mesclada com uma suposta projeção biológica sobre o corpo que demandava, por um lado, um cuidado permanente com a saúde e, por outro, o incentivo de sua função sexual reprodutora. Dessa forma, a imagem de mulheres com maquiagem carregada e roupas da última moda era denunciada moralmente pelos nazistas como corrupção da essência ariana pelo consumismo, pela vaidade exagerada e pela futilidade. Por outro lado, o cuidado com o corpo, a beleza natural e a vestimenta austera eram exaltados como valores a serem cultivados. A imprensa que se ocupava dos "assuntos femininos" (durante o regime nazista, a revista quinzenal *Frauen-Warte* era o canal oficial do NSDAP com as mulheres) se voltava, portanto, não apenas aos cuidados com os filhos e à economia doméstica, mas também ao cuidado do corpo, ao doutrinamento ideológico e à exaltação da liderança (masculina) do país.

Todas essas características eram reforçadas e treinadas pelas mulheres na NS-Frauenschaft, a associação feminina nazista. Criada em 1931, teve como sua principal líder a fanática Gertrud Scholtz-Klink, que havia organizado um grupo de mulheres simpatizantes do NSDAP na região de Baden. Com a criação da NS-Frauenschaft, Scholtz-Klink e seu grupo foram incorporados pela nova instituição que visava aglutinar as militantes, centralizar e organizar as atividades e os ensinamentos ideológicos para as mulheres. Já no regime nazista, em 1934, Gertrud Scholtz-Klink foi indicada para a direção da ala feminina da Reichsarbeitsdienst (Serviço de Trabalho do Reich), chegou à cúpula da NS-Frauenschaft e recebeu o título de Líder das Mulheres do Reich. Nessa carreira meteórica, Scholtz-Klink conseguiu estruturar, de certa forma, toda a experiência feminina no Terceiro Reich.

Grupos e associações femininas que não estivessem ligados ao NSDAP também deveriam se alinhar, prestar juramento a Hitler, expulsar as judias de suas fileiras e alistar-se na Deutsches Frauenwerk, uma instituição guarda-chuva criada para abrigar e instruir as organizações femininas extrapartidárias e que também contou com Gertrud Scholtz-Klink em sua liderança. Mas, como a própria ideia da função feminina na sociedade nazista dá a entender, ela permaneceu em uma posição dúbia, sem poderes além do organizacional. Figura muito conhecida e explorada pela propaganda, a líder feminina, não tinha em suas mãos, contudo, os poderes de regulamentar ou de ordenar políticas específicas para as mulheres. Em muitos sentidos, ainda que ela e as mulheres nazistas pudessem ser bastante ativas, as organizações que lideravam estavam sujeitas a toda a estrutura masculina do Terceiro Reich.

Nem as vestimentas femininas escapavam da ideologia nazista, que valorizava roupas austeras e criticava a futilidade. Imagem do jornal *Der Stürmer* com a legenda: "Fora de Moda – O tempo do corsete cintura de vespa acabou. A mulher de hoje se movimenta feliz e livre." (FIPS. Ausser Mode. In: *Der Stürmer*. Nuremberg, n. 36, set. 1936. p. 7. Acervo: Staatsbibliothek Berlin)

Na sociedade, a NS-Frauenschaft tinha múltiplas funções, abrangendo uma série de ações voltadas à propagação da ideologia e ao apoio social. Uma das mais influentes, seguindo os ditames nazistas, era o Curso de Maternidade oferecido às alemãs, nos quais os ideais da mãe nazista eram reforçados e as mulheres eram incentivadas a terem o maior número possível de crianças. Esta, aliás, seria a "batalha" que as mulheres deveriam lutar: gerar e criar as crianças alemãs. Seguindo a premissa militarista da sociedade nazista, uma mãe alemã podia até mesmo ser condecorada com uma medalha por seu desempenho nessa batalha. Elas deveriam, entretanto, cumprir alguns requisitos, como possuir a Identidade Alemã, gerar filhos com um homem também portador da Identidade Alemã, e não apresentar qualquer indício de má-conduta, ou seja, não pertencer a grupos considerados "marginais sociais", que incluíam não só os inimigos ideológicos do regime, mas também prostitutas, trambiqueiros, bêbados e "vagabundos", pessoas que não se adequavam ao trabalho. Se cumprissem esses requisitos, podiam receber a medalha *Mutterkreuz*, que exaltava seu alinhamento aos valores nazistas e sua dedicação aos filhos.

Estima-se que mais de 4 milhões dessas medalhas foram distribuídas. Quando conseguisse gerar cinco filhos e/ou filhas saudáveis, a mãe receberia a *Mutterkreuz* de grau bronze. A de grau prata era dedicada àquelas que tivessem seis e sete, enquanto a de grau ouro era exclusiva para quem gerasse oito ou mais crianças. Em todo o país, essa condecoração era requerida pelos órgãos oficiais (a prefeitura, o conselho da cidade ou a liderança local do NSDAP) por meio de um formulário com as devidas comprovações raciais e de saúde. Em maio, no Dia das Mães, uma cerimônia pública era preparada para honrar as mães do Reich que receberiam a medalha. A publicidade do evento marcava de forma ostensiva o papel reservado às mulheres naquele regime: uma vez que recebessem a homenagem, que fossem honradas no campo público pelos homens, as mulheres retornavam ao campo privado, para retomar sua "batalha" e criar seus filhos.

Mas não era apenas a perspectiva de receber uma condecoração que mantinha as mulheres em casa. Uma série de medidas foi implantada pelos nazistas visando à reclusão das mulheres e à preservação do campo público da política e do trabalho aos homens. Para combater o "individualismo" e o "egoísmo" que os nazistas associavam ao trabalho feminino, e visando à harmonia na "comunidade do povo", o regime ofereceu incentivos para diminuir a presença feminina do mercado de trabalho. As mulheres que mantinham uma presença menor, mas constante, nas empresas, comércios e na administração foram alvo de medidas que encorajavam uma "mudança de carreira", sendo a "carreira de mãe" considerada a mais importante para as mulheres, segundo a ideologia nazista. Ela era incentivada de duas formas principais: a primeira era a concessão de um empréstimo de 1.000 marcos aos casais recém-casados, desde que a mulher se comprometesse a ficar fora do mercado de trabalho. Esse era um incentivo bastante interessante para quem estava iniciando a vida conjugal, uma vez que cobria as despesas básicas do lar por quase um ano inteiro em uma família de trabalhadores. A segunda forma era a remuneração por filho. Para os casais que haviam feito o empréstimo, cada filho resultava no abatimento de 250 marcos da dívida. A quantidade de filhos garantia, além disso, índices mais atrativos no imposto de renda; e os casais que tinham uma renda inferior a 185 marcos mensais, a partir do quinto filho, receberiam 10 marcos adicionais por criança. Tais medidas se mostraram atraentes para boa parte da população, mas não eram uma unanimidade. Os benefícios financeiros, especialmente nos grandes centros, não compensavam o abandono do trabalho, e a permanência de muitas mulheres nesse campo levanta questões sobre a onipotência da ideologia e as pressões sofridas pelas mulheres. De fato, a porcentagem de mulheres trabalhadoras no Terceiro Reich não sofreu grandes alterações em relação àquelas registradas antes da ascensão nazista, e apenas no setor público, onde elas puderam ser dispensadas, houve de fato uma redução aguda.

## MULHERES NO LESTE

A percepção da relação das mulheres com o campo público e do trabalho se transforma quando os historiadores analisam sua atuação durante a guerra, nos territórios anexados no Leste (especialmente na Polônia). Como mostra o estudo de Wendy Lower, *As mulheres do nazismo*, as mulheres partiam para esses espaços desenvolvendo, em essência, os mesmos trabalhos que desenvolviam no centro do Reich, mas lá conseguiam muito mais liberdade e poder em suas atuações. O resultado foi uma expressão feminina da violência contra os grupos perseguidos pelos nazistas, em particular os judeus, os comunistas e os poloneses.

Em sua grande maioria, as mulheres atuavam como secretárias, enfermeiras, assistentes sociais e, claro, esposas nos territórios do Leste. Algumas partiam imbuídas do desejo de servir à "comunidade do povo" com seu trabalho, outras em busca de um marido e da possibilidade de constituir família. Mas, no novo ambiente, livres das imposições da sociedade sobre elas, muitas acabaram por se revelar brutais e participaram ativamente no genocídio que ocorreu com o avanço militar nazista sobre os territórios poloneses. Como descreve Wendy Lower:

> Dentro dessa massa mobilizada, certas mulheres se destacavam. Secretárias com dupla atividade eram ao mesmo tempo matadoras burocratas e sádicas: algumas não só datilografavam as ordens de execução, como também participavam de massacres em guetos e assistiam a fuzilamentos. Esposas e amantes de homens da SS não só consolavam os parceiros quando eles retornavam do trabalho sujo, mas também, em alguns casos, sujavam as mãos de sangue. Na visão nazista, passar horas caçando e fuzilando judeus era um trabalho árduo, portanto o consolo feminino se estendia além da criação de um santuário moral em casa: elas punham mesas de comida e bebidas para os homens perto dos locais de execução em massa e de deportação.

As mulheres, portanto, criavam com sua presença um ambiente de normalidade e aconchego para a rotina de extrema violência em que viviam os homens. Ao mesmo tempo, o novo ambiente permitia que exercessem atividades cruéis e violentas junto a eles. São vários os relatos de mulheres sádicas que torturavam e assassinavam, sem demostrar culpa e sem qualquer receio de serem punidas. Um dos exemplos mais extremos e, ao mesmo tempo, com uma trajetória considerada "normal" naquele contexto, é o de Irma Grese, conhecida como a "hiena de Auschwitz". Irma tinha 9 anos quando os nazistas chegaram ao poder, em 1933, e teve a maior parte de sua educação realizada no regime nazista. Ela cumpriu todos os requisitos para se tornar uma "cidadã exemplar" do Reich: fez parte da Liga das Jovens Alemãs (Bund Deutscher Mädel), a equivalência da Juventude Hitlerista para garotas, onde a ideologia era introjetada em reuniões periódicas e as jovens eram ensinadas a cuidar de seu corpo pela prática de esportes. O serviço devotado à "comunidade do povo" era também reforçado, e as meninas aprendiam a servir aos seus companheiros, tinham aulas de tarefas domésticas, como cozinhar e tricotar, e praticavam trabalhos solidários. Em ocasiões especiais, saíam para acampar, fazer trilhas ou subir uma colina, cantavam músicas de teor nazista e aprendiam sobre "raça" e sua preservação. Eram incentivadas a socializar com membros da Juventude Hitlerista, de onde se esperava que surgissem relacionamentos que proveriam a nação com novos filhos racialmente selecionados. O serviço direcionado à "comunidade do povo" e à defesa da "raça" pavimentava uma ideia de maturidade que viria a ser coroada com a chegada da família, dos filhos e a ascensão do campo privado em suas vidas.

Irma Grese terminou o ensino básico e serviu um ano no Serviço de Trabalho do Reich (Reichsarbeitsdienst), uma organização que, a partir de 1935, coordenava o trabalho obrigatório civil dos jovens alemães que terminavam os estudos. Esse trabalho pode ser visto como um correspondente civil do serviço militar obrigatório (eram os "soldados do trabalho"), levando os jovens – que ainda não atuariam no Exército – e as jovens a contribuírem com a comunidade. Esse período era voltado para proporcionar aos jovens alemães uma conexão direta com a "comunidade do povo" através do trabalho, sendo concebido também como uma forma de mantê-los ocupados e sob a constante vigilância e influência da ideologia. A propaganda do regime também agradecia, já que os jovens envolvidos no Serviço de Trabalho do Reich não entravam na contabilidade de desempregados alemães. Depois do período de trabalho civil obrigatório, Irma Grese passou dois anos como assistente de enfermaria em um hospital mantido pela SS, de onde partiu para sua carreira em campos de concentração e de extermínio, como em Bergen Belsen e Auschwitz.

Quando chegou ao campo de extermínio de Auschwitz, em 1943, Irma foi designada como secretária, atendendo telefonemas e fazendo anotações para um dos chefes locais. Porém, em pouco tempo teve a chance de ser inserida em ação como guarda de campo na ala feminina. Sem as limitações que a vida regular impunha, ela pôde exercer a violência contra as prisioneiras de forma ilimitada, torturando, lançando os cães sobre elas e as estuprando. Ela seria presa depois da guerra pelas forças britânicas e condenada à morte por enforcamento. O caso de Irma Grese demonstra, por um lado, que, ao terem liberdade, as mulheres nazistas podiam ser tão cruéis quanto os homens, guiadas pela visão de mundo racista que era reforçada pela propaganda e pela educação patrocinada pelo regime. Ao mesmo tempo, demonstra como o *Lebensraum*, o espaço vital pelo qual os nazistas ansiavam na constituição de seu império, era um território onde a imagem do nazista meticuloso, centrado, frio e hiperracional (seguindo a tendência SS) encontrava sua contraparte sádica e descontrolada.

Irma Grese (prisioneira número 9) ao ser julgada por crimes cometidos no campo de Bergen Belsen. Foi considerada culpada e condenada à morte em 17 de novembro de 1945, sendo executada já no mês seguinte. (Fotógrafo não identificado)

## TRABALHADORES

A relação do nazismo com o mundo do trabalho foi marcada por atritos e envolvimentos emocionais de diferentes ordens, em particular no período do regime ditatorial.

O nome do partido, Partido Nacional-Socialista dos Trabalhadores Alemães (NSDAP), indica os trabalhadores como foco primário da instituição. O NSDAP tinha como objetivo a criação de uma "comunidade do povo" alemão, centrada na "raça", e a integração completa dos trabalhadores com essa coletividade. Nessa nova realidade não haveria espaço para as ideologias internacionalistas e democráticas, e a nação seria organizada de acordo com os princípios *völkisch* da supremacia racial, da ligação comunitária, da cultura e tradição, da hierarquia e da obediência. Um dos princípios condutores da sociedade deveria ser a produtividade em favor do desenvolvimento nacional, e é aqui que os trabalhadores têm seu papel mais evidente no desígnio geral nazista: a eles cumpriria forjar a materialidade dessa nova sociedade e abrir caminhos para a ascensão da Alemanha entre as grandes potências mundiais, modernizando suas estruturas e aprimorando o padrão de vida dos alemães. Ainda mais importante, os trabalhadores deveriam produzir o necessário para a sustentação alemã dos conflitos que certamente viriam nesse caminho, preparando o país para a guerra. Em suma, na sociedade racialmente orientada projetada pelos nazistas, os trabalhadores tinham um papel central, ao menos no discurso. Mas esse projeto era atraente para eles?

A relação do nazismo com os trabalhadores alemães teve início nas campanhas eleitorais (nas quais os nazistas depositavam grande parte de seus esforços propagandísticos na conquista do apoio da classe trabalhadora) e nas batalhas nas ruas das cidades alemãs na época do regime democrático da República de Weimar. Nesse período, os nazistas buscavam convencer os trabalhadores a aderirem a seu programa *völkisch* e nacionalista, tentando eclipsar a influência de ideologias comunistas, socialistas e, em menor grau, anarquistas sobre eles e suas organizações. A violência física era utilizada contra comunistas e social-democratas em uma tentativa de afugentar seus adeptos. Também procuravam o apoio dos que não tinham ainda uma posição sobre a grande questão que era levantada no período: a luta de classes. Para os nazistas, essa questão só seria solucionada com a constituição da "comunidade do povo", na qual trabalhadores e empregadores não teriam mais razões para confrontar-se, uma vez que estariam irmanados na consciência comunitária pautada pela "raça". Empregados não sairiam da linha por terem noção de sua importância na constituição da nova comunidade, assim como empregadores não abusariam de suas posições pelas mesmas razões, pagando um salário justo e condizente com a produtividade e recolhendo os impostos devidos – ao menos esse era o discurso. Sob a ótica apresentada pelos nazistas, a questão racial envolveria, portanto, as questões econômicas, sendo a linha que uniria a população em favor do desenvolvimento da nação. Àqueles que não aceitassem essa premissa, claro, restaria a repressão.

Tais ideias podiam ser atraentes para parte dos trabalhadores que acreditavam no princípio da "comunidade do povo", mas enfrentavam a concorrência de outras ideologias que tinham abordagens mais diretas sobre a questão social, particularmente a luta de classes. Por isso, os nazistas também investiram na criação de sindicatos nacional-socialistas que concorriam com os sindicatos cristãos, social-democratas e comunistas. Suas incursões no campo trabalhista, entretanto, tiveram sucesso bastante limitado, uma vez que as organizações de viés nazista não chegaram a ter peso político nem costumavam se engajar em greves e negociações salariais. Eram apenas uma rede que amparava seus membros em momentos de crise nas suas relações com os empresários ou de greves, fornecendo meios de sustento para os mais vulneráveis. Essas ações, entretanto, não se equiparavam com as atitudes combativas que os sindicatos de esquerda mantinham, deixando claras as limitações dos nazistas nesse campo durante toda a República de Weimar.

Isso ajuda a explicar a ligeira variação dos resultados eleitorais nazistas nas grandes cidades, onde em junho de 1932 eles conseguiram, em média, 32% contra 41% nas cidades com menos de 30 mil habitantes e nas zonas rurais. Nos distritos eleitorais de maioria trabalhadora das grandes cidades, os nazistas alcançaram 25% ou menos, enquanto naqueles de classe média, cerca de 60%. Esses dados não mostram, contudo, como parte da historiografia defende, que o nazismo foi um movimento essencialmente "burguês". De fato, houve um apoio não desprezível de trabalhadores aos nazistas em seu processo de ascensão ao poder, principalmente nas pequenas e médias cidades e nas zonas rurais. As razões para isso iam da simpatia por seus ideais *völkisch*, por seu antissemitismo, por sua defesa de valores conservadores, por seu nacionalismo e até pelo seu populismo decisionista que prometia a resolução dos problemas econômicos e de emprego que assolavam a Alemanha após a Crise de 1929. Esses votos seriam decisivos para a chegada dos nazistas ao governo nacional. É fato, entretanto, que em termos percentuais, comparativamente, os trabalhadores demonstraram uma relutância maior aos nazistas.

## NAZISMO E O CAMPO DO TRABALHO

Sendo a grande maioria dos militantes no partido comunista, os trabalhadores foram os primeiros a sofrer com a repressão e perseguição do novo regime instaurado após o incêndio do Reichstag. Ainda em maio de 1933, os sindicatos de diferentes linhas foram ocupados pelas tropas de assalto nazistas e eliminados. Para o controle dos trabalhadores, a ditadura nazista criou a Deutsche Arbeitsfront (DAF, Frente de Trabalho Alemã), capitaneada por Robert Ley. Sua principal função era fazer com que os trabalhadores se adaptassem à visão de mundo nazista e ao culto ao Führer, restringindo suas atuações ao que era considerado adequado pelo regime. Com o tempo, a DAF se tornou uma das principais agências do Terceiro Reich, ganhando força política e econômica conforme o número de inscritos e suas contribuições (em geral, 1,5% dos salários) aumentavam. Além disso, a DAF passou a ser uma vitrine da recuperação econômica da Alemanha nos primeiros anos do regime nazista.

Essa recuperação veio no rastro de algumas medidas do governo anterior, capitaneado por Kurt von Schleicher (que se pautou por um afastamento gradual da economia estadunidense e uma política de investimento estatal nas indústrias, especialmente as de engenharia, com vistas a um programa de rearmamento paulatino), além do estabelecimento de medidas protecionistas voltadas à preservação da produção agrícola e à busca por opções para a reversão do desemprego, dentre as quais a principal foi a retomada total da indústria armamentista. Esta se tornou a principal prioridade do regime, a qual teve como efeito colateral muito bem-vindo a geração de empregos nesse campo. Outras medidas também contribuíram para o sucesso econômico, como os investimentos em infraestrutura, dentre os quais a construção da malha rodoviária das *Autobahnen* (autoestradas). Muitos dos empregos gerados eram, contudo, temporários, assim como o uso de mão de obra sazonal nas fazendas e mesmo a atuação no já mencionado Serviço de Trabalho do Reich. Isso não impediu a propaganda nazista de contabilizar todos eles como empregos de fato no sentido de diminuir drasticamente, nos quatro primeiros anos do regime, os níveis de desemprego de acordo com as medições oficiais.

### O Primeiro de Maio na nova Alemanha

Relato do jornalista e radialista norte-americano Doug Brinkley, que visitou várias cidades alemãs entre 1932 e 1934:

> Na manhã de 1º de maio de 1933, no primeiro dia nacional dos trabalhadores alemães, tive o privilégio de ficar em frente à rampa do antigo castelo imperial no Lustgarten, em Berlim, a poucos metros de distância do presidente Hindenburg, do chanceler Hitler e do ministro dr. Goebbels, enquanto eles faziam seus discursos à juventude alemã. A Alemanha testemunhou um espetáculo nunca antes visto. Mais de 2 milhões de pessoas se apinhavam nas ruas e praças no coração de Berlim. Um sem-fim de pessoas transbordava as famosas "tílias" até não poder mais. Cem mil membros da Juventude Hitlerista de todas as partes da cidade se reuniram no Lustgarten para ouvir as solenes e estimulantes palavras do presidente e do chanceler. As manifestações de júbilo e de excitação são difíceis de descrever. Mas nesse dia ficou claro como essa juventude alemã ama seu Führer, e como essa juventude é a garantia do futuro do nacional-socialismo.

Na tarde do 1º de maio vivenciei a maior manifestação de massas que o mundo jamais viu. De 14 direções diferentes marcharam imensas colunas de trabalhadores de todos os ofícios até o campo Tempelhof; patrões e diretores em linha com seus empregados e trabalhadores, artistas, atores, funcionários, garçons e cozinheiros, médicos e fazendeiros, lavadeiras e padeiros, açougueiros e cabeleireiros, sem classes e sem preferências, em filas aparentemente intermináveis. E enquanto eles marchavam em uma disciplina impressionante por detrás das placas que indicavam suas profissões, cantavam as antigas e as novas marchas e canções populares.

[...]

Desde este primeiro Dia do Trabalho Alemão, em 1º de maio de 1933, para honrar cada ofício dos trabalhadores alemães, os direitos do trabalhador na Alemanha vêm sendo continuamente desenvolvidos e consolidados.

O tempo em que os líderes sindicais viviam no luxo, à custa das contribuições e poupanças dos trabalhadores, acabou na Alemanha, assim como o tempo dos ganhos egoístas dos empresários rigorosos, à custa dos pobres trabalhadores! Muitos trabalhadores que sequer eram nacional-socialistas filiados ao partido falaram comigo naquele 1º de maio de 1933, de forma livre e espontânea. A maioria ainda tem preocupações e desejos de ordem material, mas todos me falaram que sua confiança na "good will" e na energia de Hitler é sólida – "Hitler logo irá conseguir!". Todos acreditam no chanceler do povo, ele mesmo um "homem do povo" que conhece suas preocupações, necessidades e desejos e – algo que todos elogiaram – vive uma vida bastante simples.

Brinkley, Doug. *Ein Amerikaner sieht das neue Deutschland.* Berlin: Otto Elsner Verlag, 1935, p. 45-47; tradução do autor.

Tais medidas ainda iam ao encontro da natureza dirigista da economia nazista, que estabeleceu desde o início um planejamento voltado para uma política de trabalho de alta produtividade e para a constituição de um exército para o imperialismo do *Lebensraum*. Essa política não restabeleceu de imediato a solidez da economia nacional, mas teve dois efeitos muito importantes para a propaganda e para a própria legitimidade do regime junto à população. O primeiro é que, ainda que muitos não tivessem um emprego fixo e estável, boa parte dos desempregados voltaram à ativa, gerando um sentimento de satisfação e orgulho nessa parcela que começava a ver possibilidades de crescimento econômico. A segunda mudança era a perceptível retirada dos desempregados das ruas das grandes cidades, o que gerou um aumento na percepção de melhora da situação para a população em geral. A visualidade aqui era um fator essencial para que a propaganda funcionasse: eram poucos os desempregados que estavam nas ruas pedindo doações, dando indícios de que os programas do governo estavam funcionando. Não importava se as pessoas estavam trabalhando em caráter provisório nas minas e fazendas, ou se estavam recebendo a mesma remuneração que seus antigos seguros-desempregos pagavam. O fato é que não estavam mais nas ruas, e, se estivessem, poderiam ser acusadas de vadiagem e consideradas marginais sociais, o que implicava em prisão e, conforme o regime avançava, no envio para campos de concentração. Esse processo pode ser considerado uma reordenação visual do espaço público ou, em outros termos, um movimento pela criação de uma atmosfera de eficiência e de alto rendimento, uma imagem que se espalhou tanto dentro da "comunidade do povo" quanto no exterior.

Em 1935, o estabelecimento do serviço militar obrigatório e do serviço civil obrigatório ajudou a reduzir ainda mais o desemprego, levando a um caminho que, pelos dados oficiais, chegava ao pleno emprego entre 1937 e 1938.

Cartaz da campanha pela unificação dos cargos de chanceler e de presidente por meio do plebiscito em 1934, após a morte do presidente Hindenburg. Na inscrição: "Antes: desemprego, desesperança, abandono, greve, dispensa. Hoje: trabalho, alegria, cultivo, camaradagem do povo. Por isso seu voto ao Führer". (Haus der Bayerischen Geschichte)

O mundo do trabalho se tornava, pouco a pouco, um campo privilegiado para a encenação da *Volksgemeinschaft*, não apenas nas grandes celebrações, como atesta a descrição feita pelo jornalista e radialista norte-americano Doug Brinkley. Essa performatividade adentrava também o local mais restrito das fábricas e empresas, onde as relações sociais nesses espaços projetavam a dinâmica da "comunidade do povo". Isso resultou em duas respostas gerais. Primeiramente, a busca concreta por uma maior efetividade do trabalho, justificada pelo bem maior do coletivo, e uma integração emocional, pautada na solidariedade racial entre os trabalhadores, supervisores e proprietários. Essa aproximação quanto ao objeto da vida cotidiana nas fábricas deixa clara a lógica própria do sistema nacional-socialista, pois os esforços e as soluções encontradas para os mais diferentes problemas decorrem também de respostas que os nazistas apresentavam para questões gerais da sociedade alemã. Nesse processo, a integração dos trabalhadores, entre si e com o regime nacional-socialista, obedece a algumas condições: o racismo como base da concepção de comunidade, a violência em sua ordenação e o militarismo em sua disciplina.

Também foi importante, nesse complexo sistema que se impôs, a nova relação que se estabelece entre o trabalhador e seu próprio contexto. A experiência de ser trabalhador na Alemanha nazista, especialmente na transição entre a República de Weimar e a consolidação do regime, com a perseguição e eliminação das principais lideranças trabalhistas ligadas à esquerda, é uma vivência que se ancora permanentemente nas emoções de seu passado recente. As crises econômicas, as incertezas cotidianas sobre a estabilidade de seus empregos e sobre seus meios de subsistência desempenharam um papel relevante também na absorção dessas novas ideias e dessa nova cultura de trabalho que os nazistas implementavam. A memória podia ser um fator mobilizador para o alinhamento dos trabalhadores à nova ordem, assim como a esperança no futuro e o orgulho que o nacionalismo instigava podiam contribuir para a aceitação de um regime cada vez mais exigente com relação a desempenho.

## UMA *VOLKSGEMEINSCHAFT* DO DESEMPENHO

Da mesma forma que as emoções podiam participar do processo de adaptação e de aceitação do novo regime pelos trabalhadores, elas se mostravam determinantes em sua integração efetiva na "comunidade do povo". Nesse sentido, a fábrica podia se converter em um microcosmo da sociedade nazista, e o sentimento de deferência em relação à autoridade seria privilegiado em relação à ideia de decisões conjuntas ou à de democracia, que era observada nos sindicatos tradicionais. Visto que a produção de uma fábrica, como toda produção no Reich, deveria obedecer à lógica do bem comum, as ações dos trabalhadores deveriam se guiar por esse princípio. Entretanto, segundo os nazistas, o indivíduo dificilmente tem uma perspectiva correta sobre o que seria o melhor para a comunidade, o que o coloca em situação de dependência em relação àqueles que se sobressaem ou que possuem o dom da genialidade e compreendem a lógica da natureza do regime. Assim como no espectro mais amplo do regime, nas fábricas os trabalhadores deveriam obedecer ao princípio do líder (*Führerprinzip*) para serem guiados em direção ao bem da "comunidade do povo".

**Número de desempregados no ano de 1933 na Alemanha**

**(O mês de julho não aparece nas fontes consultadas)**

| *Mês* | *Nº de desempregados* |
|---|---|
| Janeiro | 6.013.600 |
| Fevereiro | 6.001.000 |
| Março | 5.598.900 |
| Abril | 5.331.300 |
| Maio | 5.038.600 |
| Junho | 4.856.900 |
| Agosto | 4.124.300 |
| Setembro | 3.849.200 |

| | |
|---|---|
| Outubro | 3.744.900 |
| Novembro | 3.714.600 |
| Dezembro | 4.059.100 |

| **Número médio de desempregados por ano na Alemanha** | |
|---|---|
| *Ano* | *Nº de desempregados* |
| 1933 | 4.804.400 |
| 1934 | 2.718.300 |
| 1935 | 2.151.000 |
| 1936 | 1.592.700 |
| 1937 | 912.300 |
| 1938 | 429.500 |
| 1939 | 118.900 |
| 1940 | 51.800 |

| **População Total Alemã (*Bundesamt*)** | |
|---|---|
| 1933 | 65.200.000 |
| 1939 | 69.300.000 |

Essa relação foi regulada pela Lei da Ordenação do Trabalho Nacional em 1934, segundo a qual as empresas e fábricas com mais de 20 empregados deveriam organizar um conselho para mediar as relações entre todos os envolvidos naquele ambiente, tanto empregados quanto empregadores. Tal conselho deveria ter um líder (*Betriebsführer*), de preferência com ligações com o NSDAP ou uma boa compreensão da ideologia nazista, ligado à Frente de

Trabalho Alemã. Ele seria, dessa forma, a ponte estabelecida entre o Führer, o NSDAP e a realidade local da fábrica, traduzindo para o espaço de trabalho as diretrizes e interpretações da realidade que viriam dos estratos superiores do regime. Além de estabelecer o princípio do líder, com uma ligação direta entre o "líder da fábrica" e os trabalhadores, por um lado, e a DAF e o "líder de fábrica", por outro, essa ordenação garantia uma proximidade desse líder com a realidade social do espaço de trabalho, a situação das famílias dos empregados e a conjuntura local. Isso facilitava também a promoção de ações de integração, de assistência e de socialização, sempre pautadas pelos princípios da ideologia nazista, além da criação de vínculos de obediência e lealdade. Mas, se a integração e a obediência estavam na justificativa desse sistema que visava "acabar com a luta de classes", elas também permitiam uma exploração cada vez maior da mão de obra em nome da eficácia e da produtividade em uma economia que, desde seus primórdios, havia sido pensada e planejada com vistas à guerra. A produtividade era considerada uma necessidade da comunidade. E não demorou a ser relacionada também à condição de pertencimento nacional.

Uma grande atenção era devotada à saúde corporal dos trabalhadores e soldados, pois seu valor para a comunidade só poderia advir justamente de sua capacidade de produção. Em certa medida, a visão de mundo nazista concebe que aqueles que mais produzem são também "mais alemães", e aqueles que produzem menos ou deixam de produzir por doenças ou invalidez passam a ser um estorvo ao Reich. Os idosos podem ser honrados por suas contribuições passadas, mas percebidos como um empecilho na balança da produtividade. Por causa disso, os trabalhadores eram pressionados a continuar na ativa enquanto fosse possível, e a ideia de aposentadoria (com todas as implicações que a permanência dos trabalhadores em seus postos tinha para a melhora da saúde da previdência social) chegou a ser considerada por muitos apenas no limite da incapacidade de continuar. Para o regime, a "vida útil" do trabalhador iria dos 15 aos 65 anos (a expectativa média de vida na Alemanha em 1935 era de 60 anos) e deveria ser direcionada ao desenvolvimento da nação. É a partir dessa linha de pensamento que podia ser lida, na *Folha dos Médicos Alemães* (*Deutsches* Ärzteblatt) de 19 de setembro de 1936, a declaração de que:

> Um povo que quer e precisa seguir o seu caminho rumo ao futuro deve, na medida do possível, estar em plena posse do desempenho e da saúde que podem ser alcançados com base na sua composição genética e racial. Deve-se ter cuidado para garantir que este desempenho não diminua prematuramente, mas sim que seja mantido até a velhice, apesar de todas as dificuldades da vida e apesar de todas as exigências do trabalho – o que se aplica a um povo naturalmente também se aplica individualmente a cada membro do povo.

A manutenção da capacidade de trabalho se mostra um dos principais objetivos da Medicina nazista, e o corpo do indivíduo é tomado não como fonte de bem-estar, desfrute ou contentamento, mas essencialmente de produtividade e reprodutibilidade, atividades que serviriam à "comunidade do povo" em seu sustento e em sua renovação. Das primeiras atividades no campo de trabalho, no âmbito do serviço comunitário obrigatório, até sua empregabilidade plena e a (presumida) morte a serviço da nação, todas as etapas da vida produtiva do indivíduo eram planejadas e acompanhadas pelo regime, inclusive outras formas de inserção dos trabalhadores nos ditames ideológicos do Terceiro Reich em seu tempo livre. Atividades de lazer e de cultura eram pensadas e implementadas pela Frente de Trabalho Alemã em arranjos com os líderes de fábrica, visando promover o espírito de coletividade e aliviar as pressões cada vez maiores por produção. Até mesmo a estética do ambiente de trabalho era projetada pela DAF através de seu departamento Beleza do Trabalho (*Schönheit der Arbeit*), que, voltado também à produtividade, desenvolvia estratégias de aperfeiçoamento da qualidade da luz, do ar e da visualidade do ambiente. Uma série de elementos técnicos foi apresentada com o selo do Beleza do Trabalho, desde pias de banheiro até pratos e xícaras de porcelana. A adequação dos locais de trabalho às orientações do departamento era fortemente incentivada pelo regime, e, quando uma empresa ou fábrica conseguia se ajustar às diretrizes de "embelezamento" das campanhas anuais levantadas pela DAF, recebia o "título" de empresa-modelo nacional-socialista, além de possíveis facilidades de negócio com o Estado. O bem-estar dos trabalhadores podia ser acompanhado pela NS-Volkswohlfahrt (Assistência Social Nacional-Socialista), que não só se ocupava de observar a saúde do trabalhador alemão, mas também de prover serviços de apoio e proteção às mães e crianças alemãs, com a oferta de creches, por exemplo, e acompanhamento médico da gravidez.

A dinâmica cotidiana dos trabalhadores alemães sob o regime nazista se apresentava, portanto, como uma visão idealizada da solidariedade racial, com o Estado promovendo políticas públicas favoráveis e demonstrações de orgulho. Mas também, claro, a repressão daqueles considerados não alinhados. Com esse sistema, os nazistas diziam superar a luta de classes. O trabalho era mostrado como o fator capaz de limpar a sociedade e regenerar aqueles que não se enquadravam no espectro ideológico nazista – "o trabalho liberta" prometia um slogan.

Cartaz de campanha do NSDAP para as eleições de julho de 1932. Nele se lê: Nós construímos! Nossos tijolos: Trabalho, Liberdade, Pão. Portanto: Lista 8, Nacional-Socialista. (Bayerische Staatsbibliothek, Bild hoff-6703)

Cartaz da *Deutsche Arbeitsfront* com os dizeres: "Ontem como Hoje, Continuamos Camaradas"; a imagem mostra, nas sombras do "ontem", ou seja, da Primeira Guerra Mundial, dois soldados, e em primeiro plano, dois trabalhadores, à direita um trabalhador de fábrica, que segura um martelo, e à esquerda um trabalhador-engenheiro, que segura um compasso. Intermediados pelo símbolo da DAF, esses dois momentos retratam a união dos trabalhadores "de cabeça" (ou seja, o engenheiro) e o "de punho", isto é, o de fábrica. Essa representação indica a busca por unidade, independente da colocação, evitando ressentimentos entre as classes que os nazistas afirmavam não existir.
(Deutsches Historisches Museum, Inv. 2005/3002)

Cartaz Schönheit der Arbeit, 1934. Na imagem, um trabalhador sorri, indicando a alegria de trabalhar em uma empresa com o selo da Schönheit der Arbeit. Nela, lê-se "Schönheit der Arbeit – Nós colaboramos. Quanto mais bonito nosso espaço de trabalho, maior nossa alegria de trabalhar".
(Bundesarchiv, Plak. 003-018-046)

Entretanto, todas essas ações, que vinham acompanhadas da aclamação pela propaganda, não evitavam desgastes eventuais com a classe trabalhadora. Quando os nazistas anunciaram seu Plano Quadrienal em 1936, os trabalhadores o receberam com uma mistura de júbilo nacionalista e preocupação com seu destino. Afinal, por um lado, o plano estipulava uma busca pela autossuficiência alemã nos quatro anos seguintes, preparando o país para a inevitável guerra e retomando a produção armamentista a todo vapor. As humilhações do Tratado de Versalhes pareciam estar ficando para trás, e a busca pelo *Lebensraum* se aproximava. Contudo, eram os trabalhadores rurais e urbanos que arcariam com os esforços, sendo exigidos cada vez mais, em cargas de 60 a 72 horas semanais e sem ganhos relevantes em seu padrão de vida. No campo, a situação se complicava em razão do êxodo de trabalhadores para as cidades, obrigando o Estado a importar parte dos alimentos necessários para o sustento da população.

Greves pontuais ocorreram em algumas fábricas e empresas, em geral como protestos pelos salários, pelas condições de trabalho, pela falta de alimentos e pelos esforços cada vez maiores que eram exigidos, como foi o caso da greve na fábrica de automóveis da Opel em Rüsselsheim, em junho de 1936: 262 trabalhadores paralisaram seu trabalho em uma ação que durou menos de vinte minutos. A direção da fábrica, em conjunto com a Gestapo e a DAF, decidiu pela demissão e denúncia dos funcionários. Alguns deles foram presos, muitos foram interrogados, e após algumas semanas, vários foram recontratados, ou seja, na lógica nazista, tiveram a chance de se regenerar pela força do trabalho.

Outros casos de greve ou de sabotagem da produção ocorreram como ação de resistência aberta contra os nazistas ou como manifestação de não conformidade com os encaminhamentos do regime. Em muitos desses casos, as ações eram organizadas e incentivadas pela resistência comunista ou social-democrata, grupos que ainda mantinham uma rede de informações entre os trabalhadores atenta às fraquezas e aos descontentamentos.

A abordagem de cada caso foi pensada de forma individual pela Gestapo e pela DAF, buscando separar as confrontações ideológicas das confrontações conjunturais e ainda das reivindicações pontuais. As punições para as últimas eram mais brandas do que aquelas empregadas para as primeiras, que podiam terminar em prisão em campos de concentração ou mesmo morte por enforcamento público.

O retrato é bastante claro: com salários baixos, muitas vezes com comida racionada, sem a possibilidade de se organizar em sindicatos independentes, atomizados socialmente e diante da repressão e supervisão organizada pelo Estado, para os trabalhadores não alinhados restava, apenas, trabalhar.

## UMA CULTURA BURGUESA?

Em 1937, chegou aos cinemas alemães o filme *Der Herrscher* (*O soberano*), dirigido por Veit Harlan. Lançada no ponto mais alto da popularidade da ditadura nazista e no ano seguinte ao anúncio do Plano Quadrienal, a película conta a história de Matthias Clausen, um proprietário de uma siderúrgica que acabara de se tornar viúvo. Já nas primeiras cenas, o filme apresenta seus familiares gananciosos, que demonstram grande apego ao dinheiro, chegando a perguntar, ainda na recepção da cerimônia do funeral, se receberiam alguma herança da matriarca. A nova situação leva o industrial a pensar em se afastar dos negócios, mas uma reunião com o conselho dirigente da empresa o demove dessa ideia, pois ele percebe que os diretores agiam apenas em favor do lucro, cortavam incentivos à pesquisa, queriam que o Estado assumisse custos do negócio e reivindicavam para si participações nos dividendos, rejeitando aumentos para os trabalhadores. O empresário decide então que não pode se afastar e assume as rédeas da empresa. Ao final da reunião, faz um discurso, no qual deixa clara sua visão de mundo, alinhada com o que pregava a ideologia nazista:

> Não se trata de dinheiro, mas de suas atitudes, do egoísmo sem fim que está por trás de suas falas. Da incompreensão total com que enfrentam aos tempos atuais e aos seus problemas. Em tempos assim, com seus altos salários de diretores, ainda reclamam de não receberem participações nos lucros. Não, senhores! Estamos aqui para dar trabalho para milhões e milhões de trabalhadores. Estamos aqui para trabalhar para a *Volksgemeinschaft*, para servir à *Volksgemeinschaft!* Esse deve ser o objetivo de qualquer empresário que tenha consciência de sua responsabilidade. Essa é a minha vontade, e a lei suprema nesta fábrica!

Durante o período em que administra a empresa, Matthias Clausen se apaixona pela secretária, fazendo com que a família se desespere com a possibilidade de ele modificar a herança que todos esperam receber quando o patriarca falecer. Ao final, decepcionado com o egoísmo de todos, ele decide modificar seu testamento e legar a indústria para o Estado.

O filme não é apenas uma ode à utopia *völkisch* da "comunidade do povo" e sua idealização do empreendedor consciente e preocupado com a comunidade racial. É também uma denúncia dos perigos que o egoísmo e a cobiça podem acarretar ao núcleo familiar e à própria nação. As atitudes adotadas, as vestimentas e o ambiente relativos aos membros da diretoria e da família de Clausen servem como um reforço da representação nazista do liberalismo, da burguesia financista e, indiretamente, das potências ocidentais, denunciadas como "plutocracias". São, em essência, imagens da "burguesia" que os nazistas associavam com a República de Weimar e fazem contraponto com a quebra que o nazismo supostamente promove com a "cultura burguesa".

Mas quais seriam de fato as ligações dos nazistas com a "burguesia", e o que é possível de se verificar ainda como "burguês" na sociedade nazificada?

O primeiro ponto a ser levantado é que o que era visto como "burguesia", ou seja, uma elite que compreendia a classe média e a classe alta, deu a maior porcentagem de seus votos aos nazistas nas eleições de 1932. Os historiadores apontam que as razões para isso residem menos na adesão às ideias de natureza *völkisch* – apesar do antissemitismo ter crescido bastante entre a pequena e alta burguesia nos últimos anos da República de Weimar – do que no nacionalismo e no anticomunismo. O medo do "perigo vermelho" era permanente entre essa camada da população, e muitos viram na radicalização do discurso e da prática nazistas a solução para seus temores. Desde o advento da Revolução Russa e do fracasso da Revolução Alemã de 1918-19, as elites conviviam com a possibilidade de um novo levante proletário que quebrasse sua hegemonia política e econômica. Por algum tempo, acreditou-se que a forma de conter esse processo era a manutenção de um regime democrático que garantisse a representatividade proletária no sistema, em especial com os partidos reformistas. As crises finais da República, entretanto, evidenciaram a polarização entre a extrema esquerda e a extrema direita, dando em muitos o empurrão final para os braços dos nazistas.

Mas a adesão "burguesa" ao nazismo não foi completa. Muitos de seus representantes, especialmente os da elite de "letras", ou seja, intelectuais, jornalistas e escritores, continuaram fiéis aos valores democráticos e chegaram a denunciar o nazismo. Herdeiros dos princípios do Esclarecimento e do cosmopolitismo, esses indivíduos viam no racismo, no ultranacionalismo e no autoritarismo nazistas manifestações de barbárie. O exemplo de Thomas Mann é emblemático: após o assassinato do ministro do Exterior alemão, Walther Rathenau, em 1922, o escritor se reconheceu publicamente como democrata, assumindo a defesa do sistema republicano e dos valores pluralistas e humanistas. Uma vez no poder, os nazistas hostilizaram o vencedor do prêmio Nobel e suas ideias, levando Thomas Mann ao exílio. As investidas nazistas, contudo, não acabaram com a saída do escritor do país; a cidadania alemã foi retirada de Thomas Mann, que receberia então a cidadania tchecoslovaca e, anos mais tarde, já vivendo nos EUA, a estadunidense. O autor de *A Montanha Mágica* continuaria sendo um defensor da democracia, contribuindo com a resistência ao nazismo em seus discursos radiofônicos, transmitidos dos EUA para a Alemanha, nos quais denunciava o regime nazista e convocava os alemães a resistirem, refletindo sobre a natureza da ditadura na qual viviam.

Para outra parcela dos burgueses, entretanto, foi fácil a adaptação ao nazismo. Ligados aos valores do nacionalismo e do racismo, nutrindo o revanchismo pela derrota alemã na Primeira Guerra Mundial e o anticomunismo, a opção por um partido que declarava abertamente sua intenção de derrubar a República e recuperar o orgulho nacional não lhes pareceu problemática. A violência empregada pelos nazistas era vista por eles como um efeito colateral desagradável, mas tolerável. Ajudava também o fato de esse partido defender um Estado racial, a meritocracia, os valores conservadores e a renovação da cultura nacional. Em muitos sentidos, esses burgueses podiam se reconhecer como filhos do Romantismo e do militarismo do tempo do Kaiser, crendo-se admiradores da arte e da literatura, mas sem entender as inovações e perspectivas que os modernismos traziam. Foi esse grupo de burgueses conservadores que se mostrou mais incomodado com o período republicano, avaliando que a República fizera grupos minoritários e excluídos, como os judeus, as mulheres, os gays e os esquerdistas, ganharem protagonismo, ocuparem um lugar que até então era reservado aos que pertenciam a uma dada condição social e que valorizavam a cultura tradicional alemã. Especialmente entre os jovens, esse incômodo gerou frustrações e uma necessidade de mudança que possibilitasse sua retomada de um espaço de destaque na sociedade e mesmo sua ascensão; o movimento nazista trazia, para os jovens da burguesia conservadora, dinamismo e esperança.

Os nazistas não chegaram para reestabelecer a velha ordem, pelo contrário, exigiam que os burgueses deixassem para trás uma série de valores e práticas para se adequarem à nova realidade. Ao mesmo tempo, entretanto, falavam e faziam coisas que agradavam aos burgueses conservadores e estavam dispostos também a jogar o jogo da adaptação. Não importava que os burgueses continuassem com alguns de seus hábitos, desde que esses hábitos não contrariassem os fundamentos ideológicos nazistas e se alinhassem a seus modos. Festas e celebrações burguesas, por exemplo, eram raramente proibidas, mas acabavam se adaptando à nova ordem. Em Bielefeld, uma cidade média localizada entre Dortmund e Hannover, a tradicional Associação de Tiro realizava (e ainda realiza) uma cerimônia de "coroação" de sua elite, e essa "corte" organiza e promove confraternizações locais como as festas da cerveja e outros rituais de demarcação social. Um uniforme tradicional é usado pelos membros, indicando a herança militarista e o legado histórico que carregam. Durante o regime nazista, entretanto, os uniformes se mesclavam com as camisas marrons dos nazistas, braços erguidos e saudações ao Führer tomavam conta das cerimônias, e a identidade regional que essas festas exaltavam ganhava, com a mudança de regime, uma ligação com a unidade nacional nazista. Mesmo assim, a demarcação da posição social burguesa era preservada.

Desfile da Associação de Tiro de Bielefeld no centro da cidade, em 1933. Em seus uniformes tradicionais, membros da associação recebiam as saudações variadas de diferentes elementos: nazistas, militares e companheiros.
(Stadarchiv Bielefeld, Bestand 400,3, 51-002-218)

## FINANCIAMENTO E ALINHAMENTO

Enquanto os burgueses "nazificavam" suas experiências e rituais, os nazistas emulavam a prática burguesa em muitos sentidos, mas rompiam com ela em outros, para demarcar sua posição no caminho rumo à modernidade. Esse caminho, para os nazistas, deveria ser trilhado não pelo indivíduo ou pela classe burguesa, mas pela comunidade racial em que os imperativos da "raça superior" deveriam se sobrepor a interesses privados: a comunidade deveria vir antes do indivíduo. Mas, como o filme de Veit Harlan bem demonstra, respeitando esse princípio, proprietários, comerciantes e industriais poderiam usufruir de sua riqueza e mesmo ser beneficiados por uma relação amistosa com o Estado. As benesses iam desde contratos de fornecimento de produtos para o Estado até facilidades na aquisição de matérias-primas. Também ganhavam vantagens na participação nos processos de privatização de empresas públicas ou que haviam sido estatizadas ou confiscadas pelos nazistas. Do ponto de vista do regime, colocar essas empresas nas mãos de burgueses alinhados aos princípios da "comunidade do povo" era uma forma de desobrigar o Estado de administrá-las, mantendo, contudo, o controle ideológico. Isso também garantia que o regime pudesse exercer sua influência sobre a produção, principalmente das grandes indústrias, em favor da política do rearmamento e da preparação para a guerra.

A economia política "de guerra" geraria vários gargalos na balança entre a subsistência dos alemães e a preparação para o conflito armado, levando até à falta de determinados alimentos em alguns períodos. A cúpula nazista exortava a população a não protestar e aguentar as dificuldades em nome do fortalecimento da Alemanha no campo externo. Em meados da década de 1930, pouco antes e durante o Plano Quadrienal, por exemplo, ocorreu falta severa de gordura e óleo, provocando uma grande inquietação social. O ministro da propaganda, Joseph Goebbels, pediu para a população lembrar que a Alemanha "poderia se preparar para a emergência (da guerra) sem manteiga, mas nunca sem canhões". "Canhões em vez de manteiga" se tornou então um slogan dos nazistas, tentando justificar a ausência dos produtos nos mercados. No mesmo sentido, o coordenador do Plano Quadrienal, Hermann Göring, proclamou em um discurso na cidade de Hamburg: "Minérios sempre fizeram um império forte, já manteiga e banha no máximo fazem o povo engordar". O descaso do marechal do ar com a alimentação da população frente ao imperativo do rearmamento levou o artista e comunista exilado John Heartfield a produzir uma de suas colagens mais famosas: *Hurrah! Die Butter ist alle!* (Hurrah! A manteiga acabou!), na qual uma família nazista "se alimenta" de ferro e utensílios de metal. A imagem foi publicada no jornal *Arbeiter Illustrierte Zeitung*, em dezembro de 1935, que naquele momento já estava sendo impresso em

Praga, no exílio, e enviado de forma clandestina para a Alemanha. Em sua constituição, a colagem mostra diferentes gerações de alemães reunidas em torno de uma mesa com um retrato de Hitler pendurado na parede. A alienação e a influência da propaganda sobre eles é a tônica da mensagem: os alemães estariam tão atordoados com o nazismo que se mostram convencidos de que armas são mais importantes do que comida para sua sobrevivência.

Apesar da relação dos nazistas com os burgueses parecer, em larga medida, uma relação de negócios mútuos, não se pode perder de vista que parte desse grupo social aderiu ao nazismo em suas primeiras fases, sendo responsável pelo financiamento do NSDAP e de seu movimento no período da República de Weimar. Em momentos em que o partido esteve perto de fechar por falta de verbas, foram as doações desses alemães de linhagem burguesa e conservadora que o mantiveram ativo. Foram eles que financiaram a máquina cada vez maior de propaganda do NSDAP, a manutenção da cada vez mais popular milícia paramilitar da SA, além dos funcionários responsáveis pela administração e a burocracia do partido. Entre esses doadores contavam alguns dos maiores empresários alemães, mas também uma grande quantidade de empresas e comércios de classe média que depositavam contribuições para o partido.

O financiamento do partido pelo capital burguês continuaria durante o período da ditadura nazista, mas agora através de um sistema de doações nomeado de *Adolf-Hitler-Spende*. Essas doações seriam de 0,5% dos custos totais com salários na empresa, o que gerou cerca de 700 milhões de marcos para o partido entre 1933 e 1945. As contribuições eram voluntárias, mas com o endurecimento do regime, em pouco tempo, elas passaram a ser uma "obrigação voluntária" para evitar desconfianças ou tratamentos diferenciados provocados pela não adesão da empresa.

## O FUTURO NAZISTA: CRIANÇAS E JOVENS

Os nazistas cedo compreenderam que deviam garantir futuros apoiadores, dando atenção e ensinando os princípios de sua ideologia para diferentes gerações de alemães desde a infância. Para cumprir esse objetivo, ainda no ano de 1926 foi criada a Hitlerjugend (Juventude Hitlerista), e quatro anos depois, quando o partido começava a olhar também para o possível eleitorado feminino, a Bund Deutscher Mädel (Liga das Jovens Alemãs). No período republicano, ambas as associações eram tomadas como espaços de complementação educacional e de lazer para os filhos e filhas de militantes e simpatizantes do NSDAP, ou seja, seus membros já conviviam desde crianças em um ambiente mergulhado na ideologia nazista.

Nesse momento, essas duas associações nazistas eram estruturadas como outras associações para jovens vinculadas a outros partidos políticos – como a Juventude Comunista (Kommunistischer Jugendverband Deutschland) ou a Juventude Trabalhista (Sozialistische Arbeiter-Jugend) – ou às Igrejas. Tais organizações desenvolviam atividades voltadas a manter os jovens saudáveis e facilitar sua sociabilidade em um ambiente considerado seguro e amigável. Princípios da preparação desses jovens para a vida adulta, para o civismo e o trabalho eram basilares em todas elas, com particularidades relativas à ideologia preponderante em cada associação. Além disso, esses movimentos da juventude incentivavam, desde o século XIX, o contato dos jovens com a natureza – atendendo a uma demanda maior das juventudes ligadas às camadas burguesas que viviam nas cidades, cada vez mais industrializadas – e com os esportes, com o objetivo de produzir corpos fortes e saudáveis e promover a higiene. Eram, também, formas de manter os jovens ocupados em finais de semana e nas férias, continuando sua formação social. Nos casos específicos da Juventude Hitlerista e da

Liga das Jovens Alemãs, o nazismo servia como linha condutora das ações, estipulando em seu estatuto que a "associação tem por objetivo reunir os círculos de jovens [...] para fornecer à juventude de nosso povo os pré-requisitos para que os jovens alcancem a liberdade e a independência".

Vários jovens hitleristas, entretanto, tinham um objetivo mais prático em suas participações na associação: aprender o necessário para poderem compor as linhas da SA e participar das batalhas campais nas ruas das cidades alemãs. Essa perspectiva estava no horizonte daqueles que, até 1933, faziam parte dos grupos regionais espalhados pelo país, compondo, em 1932, os cerca de 50 mil jovens membros da Juventude Hitlerista. A educação militarizada e voltada para o confronto diferenciava a juventude do NSDAP daquela ligada a outras associações de jovens, como o *Wandervogelbewegung* ou os escoteiros, e dava a ela um sentido ideológico específico. Não só o princípio da liderança devia ser observado na conduta dos jovens nazistas, respeitando uma hierarquia rígida em suas fileiras, como também a solidariedade entre os iguais era incentivada, e o sentimento de camaradagem, como aquele desenvolvido pelos soldados durante a Primeira Guerra Mundial, era fomentado. Da mesma forma, era cultivada a oposição a qualquer sentido de egoísmo ou individualismo. Nas atividades e discussões grupais, eram reforçadas as críticas à democracia, ao capitalismo e ao comunismo, e o antissemitismo era apontado como o sentimento que unificava todas essas críticas.

Na Juventude Hitlerista e na Liga das Jovens Alemãs, a imagem do "inimigo judeu" era constante em palestras, em canções e, principalmente, nas conversas diárias que repetiam os lugares-comuns da narrativa nazista.

Os grupos, para as jovens garotas, buscavam formar a futura mulher nazista, implicando, com isso, todos os valores e perspectivas de comportamento que a ideologia indicava. Nas palavras de

Magda Goebbels, esposa do ministro da Propaganda, "o objetivo da educação das jovens hitleristas é outro. A educação física, a formação mental, a compreensão da ideia nacional e socialista para que possam cumprir as tarefas a que são naturalmente destinadas: serem mulheres e mães".

Com a ascensão dos nazistas em 1933, as organizações de jovens dos demais partidos políticos foram proibidas, e até 1936 todas as demais foram incorporadas à Juventude Hitlerista, em um esforço de unificação da política nacional para jovens e crianças. O líder desse processo foi Baldur von Schirach, que reuniu em torno de si poderes quase absolutos relacionados aos jovens alemães. A participação nas associações nazistas se tornou obrigatória, mas, no processo de ingresso, as crianças com doenças ou deficiências eram excluídas. Obviamente, judeus e filhos de "inimigos do Reich" eram proibidos de ingressar.

Se, no período da República de Weimar, o trabalho com os jovens era voltado à preparação da ação violenta nas ruas, durante o Terceiro Reich o foco passou a ser a integração e o serviço para com a "comunidade do povo" além da preparação para a guerra. Quando os nazistas se lançam no conflito mundial, os jovens e as jovens hitleristas passam a auxiliar nos esforços de guerra com arrecadações de materiais, como mão de obra no recolhimento de escombros após os bombardeios nas cidades ou ainda, já no final do conflito, pegando em armas e lutando contra os soldados Aliados em batalhas pela defesa do país. As últimas imagens que temos de Hitler ainda vivo são de sua participação em uma breve cerimônia improvisada ao lado do *bunker* onde ele viria a cometer suicídio horas depois, na qual ele entrega condecorações a crianças e adolescentes por bravura na defesa de Berlim.

Hitler em sua última aparição pública, entregando condecorações a membros da Juventude Hitlerista que se juntaram às unidades Volkssturm (literalmente, tempestade popular) na defesa de Berlim em 1945. (Heinrich Hoffmann)

À esquerda: cartaz de propaganda "Jovens servem ao Führer", 1939. (Deutsches Historisches Museum, 1990/534)
Cartaz "Nós, jovens alemães na Juventude Hitlerista", 1942. (Deutsches Historisches Museum, 1990/1942)

## A EDUCAÇÃO

As crianças que estavam, em abril de 1945, lutando para defender a capital do Reich eram produtos da educação nazista. Tendo iniciado a reformulação no ensino do país ainda em 1933, o novo sistema educacional era responsável pela formação de todas as crianças entre 6 e 18 anos em 1945, já que todas haviam passado os anos de estudo na escola moldada pelos nazistas. Nessa reformulação, valores-base da ideologia nazista se tornaram centrais na condução de todas as disciplinas trabalhadas com as crianças e jovens: o nacionalismo, o militarismo e o racismo antissemita. A partir dessa tríade, foram desenvolvidas todas as atividades voltadas para os alunos e as alunas durante o Terceiro Reich. Com as reformas no conteúdo escolar, as organizações para jovens e crianças, como a Juventude Hitlerista e a Liga das Jovens Alemãs, passaram a servir como um reforço prático para a ideologia transmitida em sala de aula. Elas deixam de ser o veículo principal de doutrinação para ser um importante meio de complementação ideológica com suas atividades físicas desenvolvidas fora da escola.

Todo esse sistema organizado pelos nazistas para educar crianças e jovens tinha como objetivos, por um lado, reforçar os laços com a ideia de "comunidade do povo", com os semelhantes raciais, ou seja, com aqueles considerados arianos, e com a história desse grupo racial e, por outro lado, quebrar os laços com os demais seres humanos, promovendo desumanização daqueles considerados diferentes e que, por isso mesmo, poderiam ser eliminados em favor dos arianos. Tratava-se de uma educação que transcendia o conteúdo didático e buscava uma conformação sentimental e física orientada para a formação de soldados do Reich e mães nazistas.

Nesse processo, o preparo físico ganhava atenção especial em oposição àquilo que os nazistas denunciavam como intelectualismo ou academicismo, ou seja, o conteúdo das matérias escolares regulares. Em suas reflexões em *Minha luta*, Hitler alega a incapacidade das crianças de compreenderem e armazenarem conhecimento, o que o leva a reforçar a educação física.

Além disso, os nazistas consideravam importante para a educação de suas crianças o desenvolvimento moral pautado na ideologia que divide as pessoas entre "amigos" e "inimigos", onde os inimigos são dessubjetivados, ou seja, arrancados de sua condição de semelhança com os alemães e classificados de acordo com a visão racista. O distanciamento e o desprezo pelo pluralismo eram efeitos ansiados pela educação e tinham influência na construção do "tipo SS", que age de forma fria e racional no campo público. Em uma visão de mundo que classifica os povos como "senhores" ou "subalternos", os nazistas se outorgam o lugar mais alto na hierarquia, e é nessa imagem que os jovens alemães deviam aprender a se reconhecer, com o auxílio de uma educação de caráter autoritário marcada de elementos *völkisch* em que o reconhecimento das diferenças serve não apenas para reafirmar o racismo nazista, mas também para justificar e dar sentido à "comunidade do povo".

### O ambiente na sala de aula, em *Juventude sem Deus*

Minha impressão era a de que alguns daqueles pais pensavam como eu no tocante ao conteúdo das redações solicitadas a seus rebentos. Mas nós apenas nos entreolhávamos, sorríamos e passávamos a conversar sobre o tempo lá fora. [...]

Diante de mim eu tinha agora o pai do N. Com seu caminhar autoconfiante, ele me olhava diretamente nos olhos. "Sou o pai do Otto N." "É um prazer conhecê-lo, senhor N", respondi; curvei-me, como manda o figurino, e ofereci-lhe um lugar, mas ele não sentou. "Senhor professor", principiou, "minha presença aqui se deve a um assunto de suma importância, que, é provável, ainda há de ter sérias consequências. Meu filho, Otto, comunicou-me ontem à tarde, muito revoltado, que o senhor fez um comentário absolutamente inaudito…" "Eu?" "Sim, o senhor!" "Quando?" "Ontem, durante a aula de Geografia. Os alunos escreveram uma redação sobre questões coloniais, e o senhor disse então ao Otto: os negros também são seres humanos. Por certo sabe o que quero dizer." "Não."

E, de fato, não sabia. Ele me fitou com um olhar perscrutador. Deus do céu, como deve ser burro, pensei.

"Minha presença aqui", recomeçou ele com lentidão e ênfase, "tem por base o fato de, desde a mais tenra juventude, eu aspirar à justiça. Sendo assim, pergunto ao senhor: esse comentário nefasto sobre negros, o senhor de fato o fez dessa forma e nesse contexto?"

"Sim", eu disse, e tive de rir: "Portanto, sua presença aqui não é em vão…"

"Perdão", interrompeu-me ele de chofre, "Não estou para brincadeiras! O senhor ainda não tem claro para si o significado de um tal comentário sobre os negros?! Isso é sabotar a pátria! A mim, o senhor não engana! Conheço muito bem os caminhos secretos e as pérfidas artimanhas mediante as quais veneno dessa sua pieguice humanitária busca solapar as almas inocentes de nossas crianças!"

Aquilo já era demais!

"Permita-me dizê-lo", exaltei-me, "está na própria Bíblia que todas as pessoas são seres humanos!" "Quando a Bíblia foi escrita ainda não existiam colônias como as entendemos hoje", pontificou, inabalável, o padeiro. "A Bíblia deve ser compreendida em sentido figurado, ou entendemos suas metáforas, ou não entendemos coisa nenhuma! Cavalheiro, o senhor acredita que Adão e Eva existiram em carne e osso ou apenas como metáfora?! Pois então! O senhor não vai se safar valendo-se do bom Deus, não vou permitir!" […]

> O diretor havia mandado me chamar. "Escute", disse-me ele, "chegou aqui um documento da inspetoria. Um certo padeiro N queixou-se do senhor, que teria feito determinados comentários. Bem, eu conheço isso e sei como acontecem essas reclamações, o senhor não precisa me explicar nada! Contudo, caro colega, é minha obrigação chamar sua atenção para que isso não se repita. O senhor está se esquecendo da circular confidencial 5679 u/33! Temos de afastar da juventude tudo aquilo que, de alguma maneira, possa vir a prejudicar suas futuras capacidades militares, e isso significa: precisamos educá-los moralmente para a guerra. Ponto final!"
>
> VON HORVÁTH, Ödön. *Juventude sem Deus*. São Paulo: Todavia, 2024 [1937].

Em sala de aula, os professores trabalhavam sob vigilância constante, pois, além dos diretores das escolas, muitos de seus colegas professores, alunos e pais de alunos ficavam atentos ao conteúdo transmitido, cuidando para que estivesse alinhado com a nova ordem (o texto de Ödön von Horváth exemplifica esse ambiente). Assim, até aqueles professores que não concordavam com a ideologia nazista, diante de uma sensação de constante vigilância, tendiam a se autocensurar e mesmo desenvolver o conteúdo nessas linhas. É dessa forma que a premissa do espaço vital era ensinada nas aulas de Geografia, o antissemitismo de Lutero era apresentado como sabedoria nas aulas de História, e o racismo se fazia presente nas aulas de Biologia que ensinavam sobre a suposta inferioridade dos judeus e de outros grupos não arianos.

Além da inclusão do racismo no conteúdo das disciplinas regulares, escolas e universidades ainda ofertavam uma disciplina específica voltada à doutrinação racista: Conhecimentos Raciais (*Rassenkunde*), na qual a visão nazista sobre as "raças" era abordada e a ideia de superioridade ariana era difundida. Os escritos de autores como Chamberlain e Gobineau formavam o núcleo da teoria racial que era transmitida pelos professores, mas, como aponta o historiador Wolfgang Benz, um livro em especial era utilizado nas escolas por sua linguagem popular, sua caracterização de cada "tipo racial" e por ser de fácil apreensão pelos estudantes: *Rassenkunde des deutschen Volkes* (Conhecimentos raciais do povo alemão), livro de Hans Günther que se tornou um fenômeno de vendas no Terceiro Reich, alcançando a tiragem de 150 mil exemplares já em 1936.

Nessa conformação ideológica da educação, os nazistas tinham como objetivo forjar o "homem novo", ou seja, um tipo de pessoa que agisse de acordo com o ideário nacional-socialista. O sacrifício e a predisposição para o uso da violência eram incentivados no processo pedagógico, sendo ilustrados ainda nas artes, na propaganda, nos discursos e nas dinâmicas desenvolvidas nas organizações voltadas às crianças e aos jovens. Ao mesmo tempo, a pedagogia apontava para a guerra, o martírio e a recompensa que adviria da devoção à causa coletiva nazista, ou seja, a sociedade de senhores que estavam buscando construir.

Mas, mesmo nessa sociedade futura, ainda haveria os mais aptos, os alemães de gênio, capazes de liderar. Para educar essa elite, os nazistas criaram duas escolas especiais: as Napola (*Nationalpolitische Erziehungsanstalten* – Instituição de Educação Político-Nacional) e as *Adolf-Hitler-Schulen* (Escolas Adolf Hitler). As Napola eram internatos, voltados a estudantes entre 10 e 18 anos de idade, que promoviam a educação ideológica ligada à prática militar e a formação de lideranças especialmente para a SS e as Forças Armadas (Wehrmacht). Suas disciplinas incluíam, portanto, treinamentos militares e conhecimento de armamentos, bem como o ensino de direção de motocicletas, carros e barcos, visando às possíveis necessidades dos oficiais em guerra. Já as Escolas Adolf Hitler tinham como premissa a formação dos líderes ideológicos e partidários do futuro, ou seja, dos líderes do NSDAP. Em uma educação direcionada para a norma burocrática e a propaganda, os alunos das

Escolas Adolf Hitler tinham uma formação mais voltada para o reconhecimento e o trato das questões sociais, religiosas e econômicas da Alemanha.

Ambas tinham em seu cerne o reforço da ideologia nazista e a formação de líderes nazistas, militares ou burocratas. Seus alunos eram filhos de líderes regionais e nacionais do partido, de famílias de tradição militar, ou mesmo crianças que se destacavam e ingressavam nessas escolas de elite por convite. Carregavam em si, entretanto, algumas características "pequeno burguesas", como um ideal de ascensão social e o respeito à autoridade, bem como a preparação para o gerenciamento do desempenho. Eram elementos e instituições próprios de uma parte da sociedade que, pode-se dizer, estava alinhada de forma plena com o regime. Mas eram espaços de exceção, que pouco ou nada dialogavam com a realidade da sociedade.

## A RELIGIÃO

A historiografia sobre o Terceiro Reich conta com autores que indicam o nazismo como uma "religião política", pautada por uma crença fundamentada em uma liturgia (ideologia) com promessas utópicas e realizáveis apenas pelo sacrifício, com uma comunidade delimitada (*Volksgemeinschaft*), grandes celebrações ritualísticas com estética religiosa (muitos eventos nazistas contavam com holofotes voltados para o céu noturno, a fim de dar a impressão de uma "catedral de luz") e mesmo um alto-sacerdote ou messias (Hitler). Tais interpretações, entretanto, costumam ser criticadas por sua falta de empiria, ou seja, não se encontra de fato na relação dos indivíduos com o nazismo uma "conversão" dos alemães à "religião nazista", mantendo-se para a grande maioria dos indivíduos uma divisão bem delimitada entre o campo político-terreno do regime nazista e o campo mítico-divino da religião. A relação dos alemães com o nazismo – ainda que muitos se tornem de fato fanáticos, adotem os princípios nazistas como guias para suas ações e até mesmo mantenham um retrato de Hitler na parede de suas casas como uma espécie de "altar" – é uma relação mundana. Isso não significa deixar de levar em consideração as características do carisma, ou seja, da autoridade que um líder pode evocar a partir da produção de sentimentos de devoção.

Então, qual era a relação dos alemães com a religião propriamente dita? Em grande medida, ela se manteve a mesma de antes da ascensão nazista, ou seja, permaneceu um campo de crenças e práticas privadas, com manifestações públicas pautadas pelos rituais religiosos (batismo e casamento, por exemplo) e os encontros semanais que ocorriam nas missas de cada congregação. Os alemães religiosos continuaram indo para suas igrejas, comparecendo aos serviços religiosos e celebrando sua fé por todo o país. Sendo massivamente cristãos, cerca de 55% deles se declaravam protestantes e 40% eram católicos (de acordo com dados do censo de 1939). Apenas 2% se diziam ateus.

A grande adesão ao cristianismo entre os alemães chegou a criar alguns conflitos junto ao novo regime. Isso porque as comunidades religiosas se baseavam em laços comuns e constantes que formavam grupos de convívio e socialização. Esses laços haviam sido forjados em um relacionamento de séculos com a população alemã. Por isso, as igrejas haviam sido, para muitos alemães, o primeiro refúgio após o final da Primeira Guerra: com o país em ruínas, elas transmitiam conforto e confiança aos alemães. Os atritos com o regime nazista ocorriam quando essa "comunidade religiosa" entrava em conflito com a "comunidade do povo". Por vezes um padre ou pastor desacreditava alguma determinação do regime e acabava chamando atenção das autoridades. Entretanto, de forma geral, as instituições religiosas buscaram se manter à parte da política, evitando represálias. Até porque sua sobrevivência dependia dessa relação. Em julho de 1933, o Vaticano assinou com o Estado alemão a Concordata que garantia aos católicos a liberdade de culto, bem como a preponderância da Igreja na escolha e apontamento dos padres e a manutenção das escolas confessionais, que teriam direito ao ensino religioso. Mas, mesmo com a Concordata, as instituições católicas sofreram constantes intervenções políticas que cobravam seu alinhamento com o regime.

### A resistência alemã contra o nazismo

Em geral, quando se pensa em resistência contra os nazistas, o que vem à cabeça é a resistência no exterior, em especial na França, na Polônia e na Tchecoslováquia. Tais movimentos são, de fato, mais expressivos do que a resistência que ocorria no interior do território alemão, pois são lutas de libertação contra um inimigo invasor. Entretanto, também na Alemanha houve movimentos que buscavam libertar os alemães do regime nazista e que vêm sendo cada vez mais estudados. Sobre eles, os historiadores lançam três questões principais:

1. *Quando começa a resistência alemã?* É possível falar em resistência ao nazismo antes de sua ascensão ao poder central em 1933, ou seja, na época da ascensão de nazistas a postos públicos, de seu avanço sobre a burocracia e as universidades a partir de 1929? A violência nazista já era o motor de tomada de espaços públicos antes de Hitler chegar à chancelaria. A atitude eliminacionista dos nazistas frente a seus inimigos e a violência empregada na obtenção do controle gradual da sociedade é, certamente, um elemento a ser considerado na avaliação da resistência. Em 1931, o professor Emil Gumbel escreveu o livro *Que rolem as cabeças*, no qual denunciava os assassinatos cometidos até então pelos nazistas.

2. *Quem promoveu a resistência?* Em um primeiro momento, a resistência que pode ser observada em partidos de esquerda, ou seja, comunistas e social-democratas. São eles que de fato combatem os nazistas e montam células de apoio a essa luta no exterior. Entretanto, ações liberais e conservadoras isoladas surgem no decorrer do regime, e após 1941, com a virada na guerra, conservadores e grupos de direita também se organizam e se opõem ao regime, como demonstra o caso do Círculo de Stauffenberg e seu atentado contra Hitler em 20 de julho de 1944.
3. *É possível resistir sem a intenção de resistir?* Essa questão é posta para casos nos quais a ação ou a inação pode ser considerada prejudicial ao regime, mas ocorre sem planejamento ou reflexão sobre seus desdobramentos. Sobre isso, entretanto, a tendência dos historiadores é dizer que a resistência só ocorre, de fato, quando os atores entendem o significado e os efeitos de suas ações, quando refletem sobre elas e, principalmente, compreendem as possíveis consequências de suas intervenções – ou de suas inações – sobre si e sobre os outros. Isso significa que pequenas ações poderiam se mostrar atos de resistência se feitas conscientemente.

Os protestantes, por sua vez, enfrentaram intensa ingerência por parte dos nazistas desde o momento da ascensão de Hitler. Tentativas de unificar as diferentes confissões protestantes, o apontamento de líderes eclesiásticos ligados aos nazistas e a pressão sobre pastores para que aderissem à ideologia nazista foram algumas das formas que o regime encontrou para tentar controlar os protestantes.

Muitos protestantes, de fato, aderiram rapidamente aos ditames nazistas. Um movimento chamado Cristãos Alemães (*Deutsche Christen*) buscou pressionar as igrejas com ideias de ultranacionalismo, antissemitismo e obediência aos ditames nazistas. Defendia que a religião deveria se subordinar ao princípio da "raça", e que o primeiro líder a ser seguido não era o religioso, mas sim o Führer. Em concordância com o que os líderes nazistas anunciavam, buscava um cristianismo que fosse livre dos elementos judaicos, como o Antigo Testamento, e que se mostrasse menos focado em ideias como o pecado original e a culpa e mais alinhado com a ideia da supremacia ariana. Além disso, o grupo defendia uma nazificação das celebrações cristãs, como o Natal e a Páscoa, mesclando a simbologia cristã com a nazista. Contudo, ainda que muitos tenham aderido a essa proposta, a maioria dos fiéis se mostrava incomodada com as interferências nazistas no exercício da fé e na estrutura das Igrejas. Em contraposição aos Cristãos Alemães, alguns pastores protestantes organizaram a Igreja Confessional (Bekennende Kirche), um movimento que se opôs a várias ações nazistas e acabou exercendo uma resistência constante ao regime. Desde o princípio da ditadura, em particular com a publicação do "parágrafo ariano", que estipulava a exclusão dos judeus de várias atividades no país, o grupo confessional se mostrou crítico. O parágrafo implicava a expulsão dos cristãos descendentes de judeus das congregações, o que foi considerado contra princípios doutrinários cristãos, segundo os quais o batismo implicaria a cristianização de qualquer indivíduo, inclusive de judeus, ignorando a questão racial. Em defesa desses princípios, membros do grupo confessional chegaram a protestar contra medidas adotadas pelo regime e, inclusive, acolheram judeus convertidos ao cristianismo em espaços clandestinos.

Como as instituições religiosas não se opunham oficialmente ao regime, podiam gozar de certa autonomia, o que lhes permitiu, em alguns casos, promover ações de resistência. Os padres jesuítas Alfred Delp e Augustin Rösch, por exemplo, participaram de discussões e planejamentos de atos de resistência. Ambos acabaram presos pela Gestapo, e Alfred Delp foi assassinado. O bispo Clemens August Graf von Galen, contando com o manto protetor da Concordata e da Igreja Católica, denunciou abertamente o Programa T4, que visava a eliminação dos doentes mentais. O pastor Dietrich Bonhoeffer promoveu seminários secretos e envolveu-se com a resistência ativa da Abwehr (agência de inteligência militar alemã) quando em missão no exterior, chegando a contatar membros da Igreja Anglicana inglesa em busca de apoio aos resistentes na Alemanha. Ao retornar à Alemanha, Bonhoeffer foi preso e, em 1945, com a descoberta da rede de resistência que a Abwehr havia montado, foi executado na prisão.

Contudo, atos de resistência não eram a norma nas igrejas e templos alemães, e a grande maioria da população assistia a cultos e missas politicamente neutros, quando não demonstravam algum grau de alinhamento com o regime. Na experiência diária com a ditadura, a grande maioria dos alemães religiosos sequer entrava em contato com qualquer ideia ou ação de resistência. Para eles, a igreja era o local da fé e de convívio com os membros de sua religião, sem qualquer questionamento do nazismo.

## BIBLIOGRAFIA RECOMENDADA

Von Horváth, Ödön. *Juventude sem Deus*. São Paulo: Todavia, 2024.

Liebel, Vinícius. Além do tempo: transfigurações conceituais da resistência alemã ao nazismo. In: *História*, São Paulo, v. 41, 2022.

Lower, Wendy. *As mulheres do nazismo*. São Paulo: Rocco, 2014.

Mazower, Mark. *O Império de Hitler*. São Paulo: Companhia das Letras, 2013.

Rollemberg, Denise. *Valquírias*. Niterói: Eduff, 2022.

## FILMOGRAFIA RECOMENDADA

Gansel, Dennis (dir.). *Napola – Elite para o Führer*. Alemanha, 2004. 110 min.

Rothermund, Marc (dir.). *Uma mulher contra Hitler*. Alemanha, 2005.117 min.

Schlöndorff, Volker (dir.). *O Nono Dia*. Alemanha, Tchéquia, Luxemburgo, 2004, 98 min.

Singer, Bryan (dir.). *Operação Valquíria*. Estados Unidos, 2008. 124 min.

# O NAZISMO NO COTIDIANO

Toda a estrutura nazista, com suas organizações e instituições descritas aqui, forneceu o aparato de controle e de repressão que os nazistas e o Estado empregavam sobre o conjunto social. Difundiam o terror sobre a população e, ao mesmo tempo, promoviam um processo de alinhamento, que visava à homogeneização de toda a sociedade. O terror provocava o isolamento do indivíduo na medida em que quebrava sua confiança perante os demais: vizinhos, colegas e até mesmo familiares podiam ser delatores e colocar sua vida em risco. Com isso, o terror motivava o retraimento e frustrava a pluralidade que depende do contato com o diferente para se desenvolver. Cada um se sentia, de certa forma, vigiado, exposto e vulnerável no campo público. Ao mesmo tempo, a política nazista da *Gleichschaltung* (do alinhamento) buscava homogeneizar as aparências no campo público: as ações e, também, o modo de pensar deveriam ter como base a ideologia nazista. O processo totalitário do regime nazista visava, portanto, à transformação da sociedade alemã em um organismo de ação e pensamento único, voltado ao incremento da produção e do desempenho, bem como à manutenção de uma comunidade racista e supremacista.

Entretanto, apesar de todos os recursos empregados pelo regime nazista, o estágio final desse projeto nunca chegou a ser plenamente alcançado. A ditadura nazista foi uma das mais repressoras e violentas da história, trouxe à luz uma forma de governo que rompeu com as tradições da governança e dos regimes políticos, foi extremamente cruel com inimigos (reais e imaginários) e com a própria população alemã, promoveu um genocídio e provocou e alimentou a Segunda Guerra Mundial. Mas seu objetivo último, a conversão da sociedade em um deserto de ideias, com súditos totalmente conformados e convertidos à ideologia nazista, sem subjetividade ou pluralidade, não chegou a ser atingido por completo nos 12 anos em que os nazistas estiveram no controle da Alemanha.

E, justamente por isso, a vida cotidiana dos alemães e das alemãs durante o regime pôde se dar em uma certa "normalidade adaptada", ou seja, adaptada aos princípios impostos pelos nazistas, adaptada à estética e à visualidade do regime, adaptada à convivência com as estruturas de repressão, de perseguição e de promoção da ideologia nacional-socialista. Os indivíduos que se condicionassem dessa forma, que se predispusessem a adotar, ao menos nas aparências, tais princípios e condições, poderiam viver uma vida paralela à esfera da repressão e da violência, uma vida "normal" em um estado de exceção – como é possível ocorrer em toda e qualquer ditadura, desde que se escolha, em cumplicidade, fechar boca, olhos e ouvidos e agir em conformidade com as ideias e valores impostos.

## UM FIM DE TARDE NA ALEMANHA NAZISTA

Dezembro de 1935. Ao deixar seu consultório, um médico alemão sai do prédio de quatro andares no Kudamm (Kurfürstendamm), um dos endereços historicamente mais disputados da capital alemã, para tentar relaxar depois de uma tarde cheia de consultas e reclamações de seus pacientes. Ter um consultório no Kudamm é sinal de que o médico está bem estabelecido, sua renda certamente é superior aos 980 marcos anuais que os médicos conseguem em média na Alemanha. Nesta rua, encontram-se as lojas, as empresas e os restaurantes mais badalados de Berlim. É lá que turistas e a classe média e alta de Berlim vão fazer compras. Um local para ver e ser visto. O café onde o médico decide entrar e procurar uma mesa – Café e Confeitaria Kranzler, inaugurado em 1932 – é dos mais concorridos. Filial da famosa Confeitaria Kranzler, fundada pelo vienense Johann Georg Kranzler em outra rua famosa de Berlim, a Unter den Linden, em 1825, guarda certa nostalgia, pois naquele mesmo prédio havia funcionado, até 1922, o famoso Café Das Westens.

Café Kranzler, Kurfürstendamm, 1935.
(Fotocollectie van de Poll. Creative Commons CC0)

Antes de chegar ao Kranzler, o médico passa na banca de jornais, onde uma grande quantidade de impressos mensais, semanais e diários está à disposição. Não tantos quanto na época da República, mas ainda muitos. Várias revistas e jornais fecharam as portas na Alemanha e partiram para o exílio, sendo editados em alemão em Londres, Praga e Zurique, entre outras localidades. Também no exílio, vários intelectuais se uniram para criar novas publicações de protesto, pregando a liberdade dos alemães contra a repressão em seu país de origem. As que restam no país, de uma forma ou de outra, acabaram passando pelo processo de alinhamento, reprimidas pela estrutura nazista e sua censura que calaram as vozes dissonantes. O médico observa as revistas e não vê mais a diversidade de antes, mas sente uma estranha segurança com a aparente uniformidade daquelas capas. Ele não é um nazista fanático, mas acredita que o NSDAP colocou o país nos trilhos, estabilizou a economia e trouxe ordem e segurança de volta às ruas. As badernas que eram vistas nos anos da República de Weimar, os cartazes anunciando shows burlescos nos teatros da cidade, os moradores de rua, os mutilados de guerra pedindo esmolas, tudo isso desapareceu ou diminuiu sensivelmente. Na banca de jornais, nosso personagem cumprimenta o comerciante com um *Heil Hitler* e decide comprar o semanário *Der Stürmer*, de visão antissemita virulenta e conspiratória. O médico não acredita em toda aquela teoria de que os judeus são os donos das mídias do mundo, que comandam o capitalismo mundial, que formam um poder subterrâneo para guiar os rumos da humanidade de acordo com seus interesses, mas mesmo assim acha importante saber o que estão falando sobre os judeus, quais os fatos revoltantes que o *Stürmer* traz naquela semana, pois isso pode virar assunto em uma conversa com conhecidos ou mesmo com pacientes. Não saber nada sobre o tema pode prejudicar sua imagem de bom cidadão.

O médico dá os 20 *Pfennige* (centavos) para o vendedor e observa a capa do jornal. Nela está escrito em letras grandes: *Die Juden sind unser Unglück!* (Os judeus são nossa desgraça!). Na mesma página se anunciam vários escândalos, em Belgrado e outros lugares do mundo, sempre com judeus no centro da trama. A charge estampada na capa atrai sua atenção. Naquele ano inteiro, o *Stürmer* promoveu uma campanha contra judeus que empregavam alemães e, principalmente, jovens alemãs, denunciando os perigos que elas corriam de serem seduzidas ou violentadas por seus patrões e, com isso, "mancharem seu sangue ariano". Na capa desta semana, entretanto, ele observa a imagem de um judeu nu, rodeado de sacos de dinheiro onde se lê "dividendos", "usura", "juros" e "divisas", olhando assustado para um nazista que recolhe doações de inverno de um grupo de alemães de várias idades, vestidos de maneira sóbria. O título da charge, "Abaixo o materialismo", é acompanhado de uma quadra que anuncia: "O diabo sempre ganhou dinheiro / onde o egoísmo predominou / mas o poder de Judá definha /

lá, onde o povo se ajudou". Isso faz o médico refletir: de fato, tudo que ele ouvia era que os judeus eram egoístas, e o nacional-socialismo combateu também esse comportamento que tomava o povo alemão. Hoje o povo parece ter uma consciência coletiva mais aguçada, parece trabalhar pelo bem coletivo – como prega a propaganda do governo. As campanhas de inverno são uma amostra de como a "comunidade do povo" funciona, e se o egoísmo é um valor para os judeus, o médico nunca poderia apoiá-los. A charge também passa a mensagem de que toda a riqueza do judeu vinha de ganhos escusos, não de um trabalho real e honesto. Já os alemães que contribuem com seu dinheiro na campanha são trabalhadores, com trabalhos "de punho ou de cabeça", como diziam os nazistas.

Ao chegar ao café, o médico ocupa uma cadeira e pede um café a uma das garçonetes de touca branca e vestido preto. Acha um absurdo pagar cinco vezes mais em um café expresso do que pagou pelo jornal, mas é o preço de tomar no Kudamm aquela bebida feita de grãos que vêm do Brasil. Dizem que em Bremen é um pouco mais barato; lá eles têm uma cultura de apreciação do café desenvolvida, uma tradição maior na importação, torrefação e fabricação do pó de café. Mas é uma cultura ariana, eficiente, não como a cultura de café judaica, denunciada pelos nazistas, como sendo voltada para a preguiça, para o vício e para o lucro. Essa denúncia fez com que vários donos de cafés e confeitarias judeus fossem obrigados a fechar ou vender seus negócios no processo de outra ação que os nazistas estavam promovendo e que o médico entende como correta: a arianização dos negócios na Alemanha. Afinal, o que se produz na Alemanha deveria ficar com os alemães. Não parece justo ser explorado por aqueles que não compartilham o "espírito alemão", que não contribuem coletivamente e só pensam em si. Claro, ele, como médico, foi beneficiado pelo afastamento dos cerca de 5.500 judeus do campo dessa profissão, diminuindo a concorrência e permitindo até mesmo que ele assumisse um consultório melhor. Ele até se lembra de ter conhecido um médico judeu honesto, decente, mas conclui que não havia nada que pudesse fazer por ele sem arriscar sua própria carreira e seus interesses, mesmo porque, como era sabido, os judeus, como "raça", prejudicavam o país. Além disso, ele avalia ser seu dever apoiar as ações dos nazistas, deixar que eles façam seu trabalho. Pode achar exageradas algumas narrativas ou usos retóricos típicos da propaganda, mas é um fato que os nazistas o colocaram no lugar privilegiado que ele julga merecer.

Os médicos eram valorizados pelos nazistas por seus saberes biológicos, estavam no centro de um projeto racista de seleção e suposto aprimoramento do povo. As primeiras discussões e ações de esterilização daqueles considerados incapazes ou com doenças mentais e físicas geneticamente transmissíveis ocorriam desde 1934, com os médicos instados a indicar a esterilização para pacientes considerados "inapropriados" para o Reich. Durante a ditadura, estima-se que cerca de 350 mil pacientes foram esterilizados sem consentimento segundo essa premissa. No ano de 1935, os médicos foram autorizados a efetuar o aborto de fetos até os seis meses de gestação com base nesses mesmos critérios higienistas nazistas. Nesse ano também foram promulgadas as leis de "defesa do sangue", punindo com prisão aqueles (e aquelas) que tivessem relações sexuais com judeus e praticassem a *Rassenschande* ("desonra da raça"). Em todos esses passos, os médicos estavam envolvidos e suas opiniões eram valorizadas quando estivessem a serviço da ideologia nazista. Não à toa, cerca de metade dos médicos alemães estavam ligados ao NSDAP, fosse como membros do partido ou como membros do Nationalsozialistische Deutsche Ärztebund (Liga dos Médicos Nacional-Socialistas).

Já com a xícara de café em seus lábios, o médico reflete como foi inteligente seu movimento de se filiar ao NSDAP em março de 1933, quando ficou evidente que Hitler não seria facilmente tirado do poder, como muitos conservadores haviam imaginado. Agora ele podia aproveitar as benesses de ter uma carteirinha do partido e não ter sobre si a suspeita de questionar a "revolução" que os nazistas proclamam.

Ao fechar o jornal, o médico não consegue deixar de observar, na mesa do lado, dois senhores muito bem-vestidos conversando, entre risadas:

*– Como deve ser o alemão ideal? Loiro como Hitler, alto e atlético como Goebbels, magro como Göring, puro e casto como Röhm!*

Os dois riem, e o médico não consegue se conter e ri também. Seu riso chama a atenção dos dois senhores, que imediatamente fecham a cara e passam a falar mais baixo. Criticar Röhm, o antigo líder da SA que caíra em desgraça, acusado de homossexualidade, e acabou assassinado na Noite das Facas Longas, pouco mais de um ano antes, havia se tornado um hábito comum entre alemães. Mas questionar a condição ariana dos líderes nazistas, em especial do Führer, mesmo de brincadeira, podia colocar qualquer um em risco. Os verdadeiros nazistas não deveriam ter sequer tempo para pensar esse tipo de coisa, como dizia aquela outra piada que o médico havia ouvido semanas antes de um colega em Munique em um encontro de médicos:

*A jovem conta para sua professora que seu pai é membro da SA, o irmão mais velho da SS, seu irmãozinho da Juventude Hitlerista, a mãe é ativa na NS-Frauenschaft e ela mesma participa da Bund Deutscher Mädel. A professora, admirada, pergunta:*

*– Puxa, e vocês conseguem se reunir e se ver em meio a tanto trabalho?*

*– Ah, sim, nós nos encontramos sempre, uma vez por ano, no Congresso do NSDAP em Nuremberg!*

O médico ri mais uma vez, sozinho, o que faz com que os dois senhores o olhem com mais suspeitas ainda. Seu riso, dessa vez, vem com uma autossatisfação e um sentido de superioridade: apesar de ser um partidário do NSDAP, ele mesmo não se engaja em outras organizações do partido. Muitos dedicam longas horas semanais a essas instituições e ganham com isso certa notoriedade ou, ao menos, algum reconhecimento por seus esforços pela coletividade. A SS poderia lhe oferecer alguma vantagem profissional, poderia colocá-lo no seleto grupo de médicos que discutem, organizam e implementam as diretrizes do Estado em relação às políticas raciais e higiênicas... Mas, mesmo não participando das organizações do partido, ele consegue viver sua vida sem ser incomodado, desde que não chame atenção, não contrarie as normas do regime e não dê motivos para a Gestapo vigiá-lo.

Leni Riefenstahl durante gravação de seu documentário *O triunfo da vontade* (1935). (Bundesarchiv, 152-42-31)

Para evitar chamar mais atenção para si, deixa algumas moedas sobre a mesa para cobrir os custos do café, pega seu chapéu e larga o exemplar do *Der Stürmer* ao lado das moedas – assim não deixa dúvidas de que ele lê os "jornais certos". Na saída, vê um grupo de quatro membros da SA com seus uniformes marrons e casacos pesados que protegem do frio invernal que se impõe sobre a cidade. Antes sinônimo de força e de violência, a Sturmabteilung já não chama mais tanta atenção. Agora seus membros auxiliam o regime no controle das ruas, fazem serviços de reparo em vias públicas, demarcam território para atuações de outras organizações, mas não têm mais o poder que tinham até 1934. São ainda, entretanto, uma presença constante e contribuem para difundir na população uma mentalidade militarista. Três crianças correm pela calçada, param em frente aos uniformizados e os cumprimentam com uma saudação nazista. Os quatro membros da SA respondem e sorriem com aprovação. O médico passa por eles sem se preocupar muito. Olha para os cartazes colados na *Litfaßsäule* (coluna colocada nas calçadas das cidades alemãs onde são afixados cartazes de propaganda). Ali, encontra cartazes de dois filmes que estrearam naquele ano na Alemanha: *O triunfo da vontade*, aclamado como uma obra-prima da cineasta Leni Riefenstahl, a principal cineasta-propagandista do regime, e *Amphitryon*, uma comédia musical dirigida por Reinhold Schünzel que conta a história da mulher do soldado Amphitryon, que, cansada de esperar pelo fim da guerra, pede a Júpiter pelo retorno de seu marido. Júpiter, entretanto, decide vir à terra na forma de Amphitryon para seduzir a mulher. Em meio a isso, a guerra termina e o verdadeiro marido retorna para casa, obrigando Juno, esposa de Júpiter, a intervir. Dois filmes completamente diferentes, que o médico ainda não havia assistido. Talvez pudesse ver um deles no sábado, já que, devido ao frio, não haveria churrasco no parque com a esposa e os amigos...

O médico segue a pé até a estação de metrô no Jardim Zoológico para, a partir de lá, pegar o *U-bahn* e seguir para casa. Observa a paisagem, na rua ampla, com os *banners* vermelhos decorados com a suástica balançando nos postes enquanto as vitrines das lojas indicam promoções em meio aos enfeites natalinos. Com o final do ano chegando, as ruas mesclam a decoração festiva com a política: há vários cartazes com os dizeres "Alemães, não comprem de judeus". Os coletores de doações das Ações de Inverno (*Winterhilfswerk*) balançam suas latas pedindo moedas para os mais necessitados. O médico procura em seu bolso e encontra duas moedas, que deposita no recipiente, saudando com um "*Heil Hitler*". Segue seu caminho, satisfeito por colaborar com a "comunidade do povo".

## UMA NOVA CULTURA MILITARISTA

Esse breve relato fictício de um final de tarde na vida de um médico durante o Terceiro Reich aponta para alguns elementos importantes da vida cotidiana no período. São várias as situações que podem exemplificar o dia a dia sob a ditadura nazista e que irão sempre apontar para uma mescla da excepcionalidade com a normalidade, ou seja, para o fato de que, mesmo em uma ditadura, boa parte da população ainda poderá viver "normalmente", adaptando-se aos novos tempos.

Mais do que isso, é possível perceber continuidades culturais que convivem com as "novidades" nacional-socialistas, formas de agir e de pensar que remontam a tradições alemãs e que passam a coabitar com a nova realidade. A "cultura nazista" se projeta como uma modernidade alternativa, como uma nova forma de se colocar no mundo frente aos desafios que as crises impõem. Mas, como muitos historiadores sublinham, ela mesma também é um fruto dessas crises e bebeu em várias fontes para chegar a se configurar. Sua base ultranacionalista e racista vem da cultura *völkisch*, e esse campo tem na produção de jornais, panfletos e literatura popular sua grande força e aparatos de disseminação. Em sua contraposição identitária, os nazistas combatiam comunistas, social-democratas e liberais. Há, entretanto, um substrato cultural importante com o qual os nazistas dialogavam e que pouco foi abordado neste livro até aqui, que são os valores da classe média conservadora e militarista que se desenvolveu desde o período imperial. Essa linha cultural não se manifestava apenas no uso e na sua atração por uniformes e por grupos paramilitares, mas também nos eventos públicos que frequentava e financiava e pela educação que recebia e dava para seus filhos.

Sobre essa educação, muito já foi estudado pela historiografia alemã, que se perguntou: Quanto da formação de nazistas, de simpatizantes ou daqueles que conviveram bem com o regime se pautou pela violência, pela rigidez moral e pela frieza sentimental? A pedagogia venenosa (*schwarze Erziehung*) que pode ser vinculada à cultura dessa classe média conservadora e militarista era guiada por tais valores, que levavam à supressão das emoções e a certo desejo de morte. Alguns pesquisadores sugerem que os nazistas elevaram o grau dessa repressão moral e sentimental para formar uma juventude pronta a realizar qualquer tarefa, por mais cruel que fosse, sem se abalar. Longe de ser um exagero, essa afirmação tem muito a ver com a forma de encarar a educação desenvolvida pelos alemães do final do século XIX até meados do século XX. Ela incentivava a criação de pessoas distantes e frias, vinculando essas características com imagens de heroísmo e com a amoralidade do soldado que "faz o que for necessário" para cumprir os objetivos, naturalizando a maldade e a crueldade.

A propensão à violência e a exigência do sacrifício pela "comunidade do povo" sugere mesmo que os nazistas aceitavam eventualmente a morte de seus filhos. Nesse sentido, pode-se observar a construção de uma disposição ao martírio dos jovens. As aulas de

História nas escolas e a propaganda nazista construíram e exploraram mitologias que exultavam a "morte pelo sacrifício", em especial pelo exemplo de grandes batalhas famosas. Uma das mais exploradas foi a Batalha de Langemarck, na Primeira Guerra Mundial, em 1914. Na ocasião, após alguns rechaços, os alemães receberam reforços da reserva, compostos por soldados mais velhos e jovens inexperientes. Sem condições de avançar diante da superioridade bélica dos ingleses, e tentando preservar a honra e a moral dos alemães, os comandantes ordenaram o ataque que, mais uma vez, fracassou. Estima-se que mais de 2 mil soldados alemães tenham morrido ao avançar sobre as metralhadoras aliadas, e outros 8 mil ficaram feridos ou mutilados. Em termos militares, foi péssimo. Mas, em termos propagandísticos e a partir da perspectiva da cultura conservadora militarista, a Batalha de Langemarck serviria de exemplo para a juventude alemã, com a lição de que o verdadeiro alemão seria aquele disposto a se sacrificar pela pátria, pronto para enfrentar a morte certa em nome da honra nacional, que não pensaria nas consequências da violência que irá sofrer – e também daquela que irá impingir.

Constatar tudo isso, claro, *não justifica absolutamente nada* do mal que foi feito durante o Terceiro Reich, mas ajuda a explicar como as práticas nazistas puderam encontrar um terreno fértil para se desenvolver: as mencionadas práticas educacionais e culturais conservadoras e militaristas. Sob essa base, o nazismo se propunha alcançar uma "era dourada" a partir da revalorização (e intensificação) dessa mentalidade.

No filme *O Anjo Azul*, estrelado por Marlene Dietrich e baseado no romance de Heinrich Mann, um professor do período imperial, severo e autoritário com seus alunos e consigo mesmo, não consegue manter sua rigidez ao se apaixonar por uma dançarina de cabaré. Essa mulher e os prazeres da noite o fazem decair, perder tudo e se humilhar. A película ilustra como a humilhação para as pessoas dessa "burguesia" advém do abandono dos valores cultivados no período imperial, seu moralismo e sua intransigência. Lançado em 1930, o filme estabelece um diálogo direto com esse grupo cultural, que percebia a República, em grande medida, como um descenso do país ao caos e à depravação. Uma retomada da firmeza austera em linhas militaristas era vista, por muitos, como a solução para a Alemanha.

Marlene Dietrich em cena de *Der blaue Engel* (*O Anjo Azul*), de 1930. (United Archives)

A visão de mundo nacionalista e militarista encontra abrigo na ideologia nazista. Uma herança dessa estrutura mental reconhecida como "prussiana" se mescla, no radicalismo nazista, com o racismo *völkisch* e com o antissemitismo, gerando uma percepção naturalizada da guerra como elemento constante do cotidiano e da guerra racial como motor próprio da "comunidade do povo". E se a guerra racial se coloca como objetivo central, a guerra contra outros países se torna um imperativo, voltada para a conquista do "espaço vital" e a subjugação dos povos tomados pelos nazistas como "inferiores". Para isso, a formação de soldados do povo precisa ser apressada e apropriada, desde a infância até a vida adulta, tanto para homens quanto para mulheres. Cada cidadão desse Estado racial é visto como um soldado a serviço da "comunidade do povo", com deveres e obrigações, em favor da honra e do princípio da autoridade, da eficiência e da obediência. Esses elementos da ideologia nazista estavam presentes em suas organizações voltadas aos jovens, às mulheres e aos trabalhadores, reforçando tal cultura no cotidiano. Com o fortalecimento da ditadura e os juramentos de obediência ao Führer que os soldados passaram a fazer, a ideologia nazista também ganhou, gradativamente, espaço nas Forças Armadas, e as decisões militares passaram a acompanhar, em certa medida, os pressupostos ideológicos.

A força da cultura militarista e do imaginário soldadesco na Alemanha era tão forte que, mesmo após a queda dos nazistas e dos julgamentos por seus crimes, boa parte da população se recusou a acreditar no envolvimento das Forças Armadas (Wehrmacht), em especial do Exército, nas atrocidades cometidas. Uma mitologia em torno da integridade do soldado – sempre heroificado na defesa e proteção da nação – se contrapunha ao comportamento dos membros SS, esses sim, criminosos ideológicos. Tal percepção só foi confrontada de fato em meados da década de 1990, quando uma exposição conhecida como *Wehrmachtsausstellung*, produzida pelo Hamburger Institut für Sozialforschung e pelo Institut für Zeitgeschichte, revelou ao público imagens e documentos que comprovam a íntima relação entre a condução da guerra pelas Forças Armadas e a ocupação dos territórios no Leste com o extermínio de judeus, poloneses, ciganos e soviéticos. Os documentos demonstram que os militares não apenas cumpriram ordens, mas também participaram do planejamento e da execução do genocídio. As mais de 1400 fotografias expostas em várias cidades da Alemanha e do exterior mostram os soldados envolvidos em execuções, torturas e atos de terror contra as populações perseguidas. Assim, apesar de a atuação das Forças Armadas nesses episódios já serem de amplo conhecimento dos historiadores à época, a exposição marcou a virada na memória coletiva alemã sobre os militares, ou seja, a opinião pública, pela primeira vez, foi exposta à participação de soldados nos crimes nazistas e, com isso, memórias pessoais e um imaginário ligado à cultura conservadora militarista foram colocados em xeque. Até aquele momento era possível ouvir argumentos de que soldados alemães não eram sinônimos de soldados nazistas, e mitologias familiares eram construídas em torno de pais e avôs que haviam lutado no *front*, mas não eram filiados ao NSDAP, não haviam se engajado nas organizações nazistas, não seguiam sua ideologia... Depois da exposição, essa imagem foi quebrada.

Na década seguinte, o trabalho de historiadores deu continuidade a esse rompimento com a memória "amorosa" e "familiar" da cultura militarista. Harald Welzer é um dos principais nomes dessa onda de estudos. Em seu livro *Opa war kein Nazi* (Vovô não era nazista), ele destaca que os alemães tendem a ter duas referências para a construção da memória sobre o período nazista: uma proveniente das pesquisas dos historiadores, dos documentários e dos livros, e uma proveniente "de pessoas concretas – pais, avós, parentes – tanto de relatos quanto de cartas, fotos e documentos pessoais da história familiar". Segundo Welzer, "Esse 'álbum do Terceiro Reich' é composto de guerra, heroísmo, sofrimento, abdicação e sacrifício, fascinação e grandes fantasias, e não, como nos livros, de crimes, exclusão e genocídio". Aproximar essas duas construções de memória é, portanto, um desafio constante.

Em outro livro, *Soldados*, de 2011, escrito com Sönke Neitzel, Welzer aborda especificamente o caso dos militares, ao analisar transcrições de conversas entre os prisioneiros alemães gravadas pela Inteligência Aliada durante a guerra. Nessas conversas, o *modus operandi*, bem como o conhecimento e a prática dos soldados em consonância com as diretivas genocidas são comprovadas.

Execução de 56 civis poloneses por soldados da Wehrmacht na cidade de Bochnia, em 1939. O fuzilamento ocorreu como resposta a um ataque polonês contra uma delegacia de polícia alemã no território ocupado, dois dias antes.
(Narodowe Archiwum Cyfrowe)

A *Wehrmachtsausstellung*, com seu foco na divulgação dos crimes de guerra da Wehrmacht durante a Segunda Guerra Mundial, deixou marcas profundas na população alemã, causando indignação, levando a extrema direita a protestar contra sua realização, mas também trazendo à memória nacional um novo entendimento sobre a cultura militar que pautou parte da cultura nazista (e que, de certa forma, ainda persistia na virada para o século XXI). Mais do que uma cultura paralela, o conservadorismo militarista se apresentava como uma das bases para o "novo homem" nazista, educado, criado e desenvolvido em uma estrutura pedagógica e educacional que apontava, em todo seu processo de aprimoramento, para a doutrina comportamental da frieza, para os valores do sacrifício e para a violência irreflexiva.

## Soldados

KEHRLE: No Cáucaso, na 1ª Divisão de Montanha, quando derrubavam alguém da gente, não precisava nem de tenente para dar as ordens, era sacar a pistola, mulheres, crianças, o que passasse na frente deles tomava bala...
KNEIPP: Uma vez, com a gente, um grupo de guerrilheiros atacou um comboio de feridos e matou todo mundo; meia hora depois, eles já haviam sido pegos, perto de Novgorod, colocados dentro de um buraco na areia, aí foi tiro de metralhadora e pistola saindo de todos os lados para cima deles.
KEHRLE: Eles têm que morrer lentamente, não é para fuzilá-los. Por isso que os cossacos eram perfeitos para combater os guerrilheiros, eu vi como eles faziam no setor sul.

* * *

URBICH: Aí se nota como a Gestapo vai atrás de qualquer coisinha. Ainda mais agora como ela vem trabalhando na Polônia.
HARRER: E na Noruega também. Na Noruega eles tiveram um trabalhão agora.
STEINHAUSER: Sério?
URBICH: Derrubaram uma porção de oficiais noruegueses...
HARRER: Aposto que quando a gente ocupar isso aqui de verdade, a Inglaterra, a gente não vai poder passear por aí como na França.
STEINHAUSER: Eu não acho – essas coisas são só as primeiras tentativas. Se imediatamente se acaba com 10% da população de uma cidade, aí fica tudo tranquilo. Isso não é problema. Adolf vai usar de todos os meios para impedir de cara qualquer ação dos franco-atiradores. Os senhores não sabem como se trabalha com a polacada? Ali basta estourar um tiro – aí, pronto, fo***! É assim que eles fazem na cidade ou no bairro onde os tiros foram disparados, todos os homens são apanhados. Para cada tiro que se escute na noite seguinte, ou nos próximos dias, atira-se num deles.
HARRER: Perfeito!

Trecho de gravações das conversas entre prisioneiros alemães sob custódia dos Aliados. NEITZEL, Sünke, WELZER, Harald. *Soldados*. São Paulo: Companhia das Letras, 2014, p. 122-3.

## LINGUAGEM E PERFORMANCE

Outro elemento que chama atenção na breve narração fictícia sobre o médico do Kudamm é o fato de toda interação entre os personagens iniciar com uma saudação hitlerista, ou seja, com o braço erguido e a fala "*Heil Hitler*". Essa saudação faz parte de uma performance pública dos nazistas que, em sua essência, serve para delimitar o seu grupo, para diferenciar os nazistas dos demais logo no início da comunicação. Baseada em uma saudação corrente entre os grupos *völkisch* no final do século XIX, a saudação hitlerista se torna a saudação oficial do NSDAP em 1926 em suas variantes "*Sieg Heil*" (Salve ou Viva a vitória) e "*Heil Hitler*" (Salve Hitler). Seu uso, em especial antes da ascensão ao poder, simbolizava uma adesão ideológica, uma concordância com as ideias e imagens propagadas pelos nazistas.

A introdução de uma saudação específica usada pelos militantes teve como grande inspiração os fascistas italianos, que também tinham o seu cumprimento próprio, o "*Saluto romano*". Originado da saudação militar do Império Romano, era realizado com o braço direito erguido para cima mostrando a palma da mão e simbolizava a lealdade do soldado para com o imperador, ou César. Mussolini, o líder dos fascistas italianos, retomou esse gesto e o incorporou às práticas fascistas. Tanto na Itália fascista quanto na Alemanha nazista, as saudações ganharam ainda uma dimensão ritualística quando utilizadas em grandes manifestações. A performance coletiva da saudação atingia, nessas ocasiões, uma amplitude emocional ligada a uma sensação de pertencimento tribal que se manifesta na gestualidade sincronizada e uníssona de uma identidade.

Quando os nazistas chegaram ao poder e instalaram sua ditadura, a saudação hitlerista foi elevada à condição de saudação nacional, e seu uso passou a ser percebido não mais como expressão de um pertencimento partidário-ideológico, mas de sentimentos nacionalistas e de adesão ao projeto da "comunidade do povo". Como o jornal *Völkischer Beobachter*, o veículo oficial do NSDAP, anunciava em 1935, a "saudação alemã" seria uma "pequena parte prática do nacional-socialismo que todos podem realizar".

E 1935 é justamente o ano no qual o médico fictício se encontra, que é quando os maiores esforços da propaganda e do Estado nazistas estão sendo empreendidos para a disseminação da saudação como uma forma "oficial" dos alemães se cumprimentarem. Após dois anos de regime, com a estabilização das disputas internas, a perseguição à esquerda arrefecendo e a economia encontrando um equilíbrio, o nazismo passou a buscar com grande ênfase a aceitação da maioria da população. A saudação se tornou, nesse momento, uma ferramenta de legitimação do regime, buscando estabelecer a visualidade do consenso que começava a se formar naquele momento.

A partir do ano seguinte, com as Olimpíadas de Berlim e a mudança da imagem da Alemanha no campo externo, até o início da guerra, em 1939, o país viveu sua fase de maior aceitação interna do regime, e é nesse momento que podemos falar da formação de um consenso em torno do regime nazista. Tal consenso aquiescia com a "moral revolucionária" que se instaurava entre o Führer e os alemães, ou seja, com a ideia de uma moral autoritária, pautada pela supremacia do mais forte, contra o egoísmo e em favor do bem comum. Isso não significa que, nessa época, toda a população já estava plenamente satisfeita ou que não houve resistência, mas que havia uma propensão a aceitar o regime enquanto ele estivesse funcionando.

Essa disposição geral, aliada à repressão e ao terror, levava a maioria da população a de fato se alinhar com as premissas mais evidentes do regime, e a saudação hitlerista era a mais visível e simples de todas elas. Ao erguer o braço direito e falar *Heil Hitler*, os alemães incorporavam uma ritualística que, até então, era reservada aos militantes do NSDAP. Com ela, demonstravam publicamente sua participação na "comunidade do povo" e sua fé em seu futuro, personificado na figura do Führer. Trocou-se o *Guten Tag* na Alemanha e o *Grüss Gott* na Áustria pelo *Heil Hitler*, em uma transformação evidente do cotidiano provocada pelo nazismo. Em pouco tempo, a não utilização da saudação nazista provocaria estranhamento, como se quem cumprimentasse com um simples "Bom dia" estivesse declarando sua descrença na nação. As autoridades nazistas contavam que esse sentimento de estranhamento também levaria aqueles que não eram realmente alinhados a mimetizar o gesto, uma vez que ninguém iria querer provocar suspeitas em um Estado ditatorial. Tratava-se não só de imitar, mas de ser visto imitando. Dessa forma, o campo público aparentava estar totalmente nazificado.

O pastor protestante da cidade de Gründelhardt, Wilhelm Sandberger, negava-se a fazer a saudação nazista e criticava seu uso entre os fiéis. Os líderes locais do NSDAP o denunciaram junto à Gestapo, que iniciou uma investigação. A situação alarmou a congregação regional da Igreja Evangélica, que buscou dialogar com o pastor para que ele abrandasse suas opiniões e se alinhasse às diretrizes do regime. Como não mudou seu posicionamento, o pastor foi afastado, colocado em licença, e a Gestapo foi comunicada, encerrando a investigação. O caso do pastor Sandberger demonstra como as instituições, mesmo quando não ligadas diretamente ao NSDAP ou ao Estado, podiam atuar em direção ao alinhamento ideológico, inclusive em questões aparentemente menores, como o uso daquela saudação.

Não foi apenas a saudação nazista que modificou as interações cotidianas entre os alemães com a instauração do regime. Novas palavras, ou novos significados para as antigas, surgiam com grande frequência nos 12 anos da ditadura, dando a impressão de movimento da sociedade e, também, de inovação/revolução. Nesse sentido, o vocabulário teve papel fundamental na caracterização do nazismo como uma nova ordem, ou como uma nova era da história alemã. Isso tomou contornos mitológicos quando as formas de se apresentar o mundo de acordo com a ideologia nazista ganharam espaço no imaginário alemão. O pintor Hermann Otto Hoyer, em seu quadro intitulado *No início era a palavra*, remete à narrativa bíblica, na abertura do Evangelho de João, que traz: "No início era o verbo, e o verbo estava com Deus, e o verbo era Deus", estabelecendo uma relação direta entre o versículo e as palavras proferidas por Hitler em suas palestras no início do movimento nazista sobre a criação de um "novo mundo".

Obra de Hermann Otto Hoyer, de 1937, intitulada *Im Anfang war das Wort (No início era a palavra)* retrata Hitler discursando para membros do movimento nazista.
(U.S. Army Center of Military History)

Mas é principalmente nas palavras cotidianas que esse "novo mundo" toma forma: na formulação de novos vocábulos para dar conta de uma nova experiência, vivenciada no regime nazista. Não há documento mais pertinente para perceber essa dinâmica do que os diários de Victor Klemperer intitulados *LTI - Lingua Tertii Imperii* (Linguagem do Terceiro Reich). Neles, o filólogo indica várias características que moldavam as falas durante a ditadura nazista, a começar pelas abreviaturas que se encontravam em todo lugar. Segundo ele, mais do que indicar, por exemplo, uma organização como a Bundes Deutscher Mädel (BDM) ou a Stürmabteilung (SA), ou mesmo designar uma palavra corrente, como partidário, ou *Parteigenosse* (Pg), as abreviações carregam em si o princípio da eficiência, do cumprimento do dever em direção à produtividade que pautava a relação que os nazistas diziam ter com o trabalho. Klemperer também observa como os nazistas davam conotações totalmente distintas para palavras já existentes, impunham uma dinâmica destrutiva às falas ao privilegiar o prefixo "des" (*ent*) em ações cotidianas (por exemplo, ao indicar o ato de limpar a fuligem das casas como "desescurecer", *entdunkeln*), reforçavam ou enfraqueciam um vocábulo, imprimindo uma frequência maior ou menor de seu uso, de acordo com necessidades políticas específicas. É, entretanto, apesar de todas essas características, a pobreza da língua que se apresenta, para o autor, como sua marca mais distinta. E a LTI era pobre porque, sendo imposta pelo regime e suas instituições, não expressava anseios, emoções e ideias plurais. Era uma língua unidimensional, que passou a ser utilizada pela população alemã em sua busca por demonstrar seu engajamento nas diretrizes nazistas.

Palavras, entretanto, apesar de serem produzidas, reproduzidas e reduzidas pelos nazistas, não eram o meio pelo qual eles queriam se reconhecer. O movimento e o regime nazistas se declaravam guiados pelo princípio da ação, ou seja, se descolavam do princípio do discurso e do "palavrório" (associados com a República e a democracia) para se apresentar como "decisório", como uma prática voltada à revolução conservadora. Hans Frank, jurista e governador geral dos territórios do Leste, afirmou que o nacional-socialismo era um "socialismo da ação", diferente do socialismo comunista, que seria um "socialismo da palavra". Dando sua versão ao princípio que guiou a composição do quadro pintado por Hermann Otto Hoyer, o filósofo nacional-socialista Hans Heyse escreveu sobre o movimento nazista: "No princípio era a ação: não era um ato de arbitrariedade, mas uma ação que surgiu da natureza mais essencial do homem alemão, de seu logos, de sua ideia, levada a cabo pelo Führer do povo alemão".

É pela ação que a ideologia nazista se infiltra no cotidiano dos alemães, principalmente, após 1933. Mas, mesmo antes de os nazistas assumirem o controle do Estado, gestuais e alguns comportamentos considerados nazistas já eram observados em escolas, universidades e no aparelho burocrático estatal: as saudações, a tomada de espaços por militantes, a defesa pública de alguns de seus ideais, em especial o antissemitismo e o ultranacionalismo. A implantação da ditadura nazista amplificou o alcance dessas manifestações e as "normalizou", fazendo com que discursos das lideranças nazistas transmitidos por rádio fossem ouvidos em repartições públicas com a atenção de um pronunciamento oficial, canções e marchas nazistas fossem cantaroladas por enfermeiras e médicos em hospitais, bem como os uniformes marrons do NSDAP ou da Juventude Hitlerista se tornassem os trajes de passeio nos domingos em família. De forma gradativa, mas em ritmo acelerado, essa normalização da estética e da gestualidade nazistas tomou conta do espaço público, aumentando a sensação de domínio total do novo regime. Nesse processo, a expressão do nazismo passou da palavra para a ação cotidiana. No convívio entre as pessoas, as sociabilidades alemãs são progressivamente "nazificadas".

Alguns exemplos deixam clara a gradual incorporação da visão de mundo nazista na vida cotidiana dos alemães na primeira metade da década de 1930. O primeiro deles é apontado pelo historiador Andrew Bergerson em sua análise da nazificação de uma cidade chamada Hildesheim, ou, como ele descreve, a negociação entre as vidas pública e privada de seus cidadãos na passagem da República para a ditadura nazista. Ele retraça pequenos rituais sociais que eram mantidos pela comunidade da cidade como forma de ordenação do cotidiano, como, por exemplo, a manutenção da limpeza das calçadas em frente às casas dos cidadãos. O ato de varrer as calçadas era uma pequena tradição encarada como um dever cívico e reforçada pela prefeitura nos anos 1920. Em algumas vizinhanças, esse ritual podia ter até mesmo um horário marcado para acontecer, como quando a igreja local batia os sinos às 6 horas da manhã. Ao varrer as calçadas, os vizinhos se encontravam, se comunicavam e demonstravam pequenas manifestações de poder ou de primazia social, seja pelo aspecto de sua propriedade, seja por seu tamanho ou pela regularidade com que sua calçada era limpa.

A limpeza do espaço era uma responsabilidade da comunidade, observada e controlada pelo poder público, mais especificamente pelos policiais responsáveis pela vigilância local. Os relatos colhidos pelo historiador dão conta da presença constante de agentes de segurança, verificando em suas rondas a realização da faxina e o recolhimento apropriado do lixo. Nos casos de não cumprimento do esperado, os policiais podiam chamar a atenção dos moradores, evidenciando a falta de cidadania do relapso, e até mesmo entrar nas residências para cobrar uma consciência comunitária dos cidadãos. A disposição da comunidade em acatar essa dinâmica é percebida, por um lado, como uma mentalidade de subordinação, ligada, de certa forma, à cultura conservadora militarista anteriormente descrita. Por outro lado, havia também uma tendência a familiarizar a relação com o policial em suas passagens diárias, normalizando e internalizando as intrusões e repreensões que eram vivenciadas nessa relação. A ação coletiva que, simbolicamente, unia esforços no combate à sujeira é apontada também por Bergerson como uma fonte de prazer para os cidadãos, que conseguiam dar certa ordem ao cotidiano em um contexto de caos e crises constantes.

Todos os elementos comunitários e de convivialidade levantados pela pesquisa de Bergerson puderam ser, de uma forma ou de outra, "nazificados". O orgulho das crianças, jovens e adultos que eram vistos varrendo as calçadas podia ser incrementado com o uso de um uniforme de uma das organizações do NSDAP, para comprovar sua aderência ao projeto e ao cuidado da "comunidade do povo". A eventual invasão dos agentes públicos no campo privado dos cidadãos podia ser substituída pela vigilância que as estruturas de repressão nazistas empreendiam sobre a população. Na interação entre as pessoas no processo de limpeza das ruas não faltava agora a saudação nazista *Heil Hitler*. Outra forma de enfatizar publicamente a adesão à "comunidade do povo" era o hasteamento de uma bandeira nazista em frente à residência, mostrando para toda a vizinhança que naquela casa vivia uma família de apoiadores do nazismo. Por fim, a caracterização e diferenciação dos "mais aptos", "mais participativos", "mais colaborativos" daquela microssociedade podia englobar ainda, em oposição, os inimigos eleitos dos nazistas, fossem comunistas, ciganos, liberais e, claro, judeus. Críticas e elogios passavam também pelo vocabulário nazista – não seria absurdo imaginar um alemão criticando um vizinho que não limpou a calçada dizendo que ele "age como um judeu", observando a ligação entre falta de higiene/doenças e os judeus que a propaganda nazista reforçava. Assim, práticas que já existiam na sociedade alemã foram paulatinamente infiltradas pela ideologia nazista, pela "revolução da ação" que ela propagava.

Outras ações podiam ser absorvidas pela atuação do Estado e do Partido e transformadas em empreendimentos "tipicamente nazistas". Um exemplo bastante contundente desse fenômeno eram as Ações de Inverno (*Winterhilfswerk des deutschen Volkes*) realizadas a partir de 1933, organizadas tendo como base as campanhas de solidariedade que várias regiões da Alemanha já faziam antes do Terceiro Reich, capitaneadas por entidades políticas ou religiosas, e que ganharam força após a Primeira Guerra Mundial, com a grande quantidade de desempregados e mutilados de guerra que necessitavam de auxílio para sobreviver ao inverno.

Membros da NSV (*Nationalsozialistische Volkswohlfahrt* – Assistência Social Nacional-Socialista) organizam pacotes de doações no âmbito das Ações de Inverno de 1935, que colaboraram para aumentar o número de simpatizantes do nazismo. (Bundesarchiv, Bild 102.17313)

Todo o processo que envolvia as Ações de Inverno era baseado em campanhas de solidariedade e organizado pelo Ministério da Propaganda. Espaços públicos eram utilizados para receber as doações materiais e financeiras. As doações de pequenas quantidades, em cédulas ou moedas, podiam ser feitas junto a trabalhadores voluntários que ficavam nas ruas das grandes e médias cidades, especialmente próximos aos centros comerciais, com caixas e latas nas quais os donativos eram depositados. Empresas e igrejas eram chamadas a contribuir também, tanto como doadoras quanto com o trabalho de recolhimento de materiais voltados ao combate ao frio e à fome da população. Muitas empresas retinham dos salários de seus empregados grande parte dos donativos que iriam repassar ao Estado durante as Ações de Inverno (até 1% do salário mensal no segundo semestre), uma estratégia que, em 1936, tornou-se compulsória e regulada pelo regime. Os preparativos iniciavam em setembro, e já em outubro as doações começavam a ser recolhidas e redistribuídas.

As Ações de Inverno se tornaram um grande sucesso nacional, gerando bilhões de marcos em doações. Ideologicamente, elas movimentavam a população em torno da construção, defesa e preservação da "comunidade do povo", promovendo um sentimento de solidariedade direcionado àqueles que faziam parte dela, um grupo racialmente delimitado, pois, obviamente, judeus e pessoas consideradas deficientes e improdutivas para o Reich não eram incluídos nas ajudas.

Os nazistas também buscaram ir além de campanhas sazonais como essas de inverno, pois queriam transformar permanentemente o mundo a seu redor, criando um ambiente alinhado com sua ideologia por meio de ações que englobassem a cultura, o espaço e o corpo.

## AÇÃO E CULTURA

Em um prenúncio do que fariam com seres humanos, e ressoando a máxima de Heinrich Heine – "onde se queimam livros, queimam também pessoas" –, em maio de 1933 ocorre a primeira grande queima de livros "indesejados" ou que, na justificativa corrente à época, iam contra o "espírito alemão" que os nazistas acreditavam representar. Obras de autores judeus foram o principal alvo, mas livros de muitos autores alemães que não compactuavam com a visão ultranacionalista e racista dos nazistas também foram atingidos. A queima de livros foi organizada e realizada pela SA em cooperação com a Juventude Hitlerista, a União Alemã de Estudantes Universitários (órgão que se nazifica antes mesmo de 1933) e vários professores universitários militantes e simpatizantes do NSDAP. Ela ocorreu na praça da Ópera Alemã, em Berlim, que fica em frente à atual Universidade Humboldt, e também em outros espaços universitários por todo o país.

No evento, estudantes eram instados a pegar nas bibliotecas livros que apresentavam ideias, imagens ou argumentos "desviantes" da visão revolucionária nazista, ou livros de autores que defendiam valores contrários aos "tipicamente alemães", como a democracia, a pluralidade, a liberdade de opinião ou a igualdade entre as pessoas e os povos. Os estudantes deviam levá-los até a praça onde uma enorme fogueira foi acesa, para queimá-los. O simbolismo da purificação do "espírito alemão" pelo fogo tomou conta de parte da população, e esse frenesi gerou outras ações, outras fogueiras e, em especial, a produção de uma lista de autores "antialemães" - um índex que apontava a todos os alemães quais autores não podiam fazer parte da nova ordem nazista.

Alguns desses autores são muito conhecidos ainda hoje, outros caíram no esquecimento. Os primeiros inimigos combatidos pela cultura nazista, os comunistas e social-democratas, eram representados com nomes como Karl Marx, Friedrich Engels, Rosa Luxemburgo, Lenin e Karl Kautsky. Mas várias vertentes políticas e linhas de estudo foram incluídas nas listas de "condenados". Campanhas de recolhimento desses livros entre a população foram lançadas, e no dia da Grande Queima, 10 de maio, um verdadeiro ritual foi orquestrado para demarcar a mudança da relação dos alemães com a cultura. Nas várias fogueiras então acesas pelo país, obras de autores que não estavam na lista original (como Thomas Mann) também acabaram queimadas, abrindo a possibilidade para que inúmeros autores fossem incluídos nessa orgia antiliterária.

Com tais demonstrações, a vida de leitores e de livreiros mudou. Ser visto com um livro "proibido" imediatamente levantava suspeitas. Os que decidiram não entregar seus livros tiveram que esconder suas bibliotecas. As livrarias mudaram suas ofertas, repondo os livros perseguidos por outros que refletissem os valores defendidos pelos nazistas, considerassem "as virtudes" do governo autoritário, a natureza do corpo social alemão e a teoria da superioridade da "raça" ariana. Entre os livros bem-vistos estavam os que transmitiam aos leitores o espírito guerreiro e aventureiro a ser resgatado no povo alemão, o respeito às tradições, o militarismo e o heroísmo.

Não é de surpreender, por exemplo, as grandes tiragens que a autobiografia do barão Manfred von Richthofen, o "Barão Vermelho" – apelido que ganhou ao se destacar por pintar seu avião de vermelho e atacar de forma implacável seus inimigos –, teve durante o Terceiro Reich. Nessa publicação, elementos muito caros aos nazistas se fazem presentes. Ela trata de um herói alemão da Primeira Guerra Mundial e, para os nazistas – como bem explica Klemperer em seu diário –, os heróis vestem uniformes, e os militares são os principais. Os heróis devem ser louvados e recompensados, reconhecidos como gênios, e o Barão Vermelho era considerado um dos primeiros gênios da aviação militar. A imagem de Von Richthofen já havia sido muito utilizada pelos alemães durante a Primeira Guerra Mundial como propaganda da suposta superioridade alemã nos céus da Europa. Já no final do conflito, o Alto Comando alemão proibiu o barão de voar, pois, caso fosse abatido, toda a sua imagem de herói de guerra ficaria comprometida. Ele desobedeceu, foi atingido e morreu. Mas os inimigos ajudaram os alemães nesse momento, porque reconheceram o piloto e deram a ele um funeral de herói, com honras militares. A propaganda alemã então se aproveitou dessa imagem também, apesar de já ser 1918 e a guerra estar em seu fim.

Imagens de um herói militar nacional retomado pelos nazistas para promover sua ideologia. Manfred von Richthofen, em postal de 1917 (a partir de foto de C. J. von Dühren), à esquerda, e na capa de sua autobiografia, publicada a partir de 1933 pela editora Ullstein, de Berlim.

Os nazistas retomaram a mitologia do herói militar e, no processo, investiram na imagem do Barão Vermelho. Esse movimento pode ser visto como um passo natural, pois os editores responsáveis pela escolha dos títulos a serem publicados compartilhavam aquele imaginário da Primeira Guerra Mundial. Mas, ainda mais relevante em termos mercadológicos, os pais dos jovens alemães também vivenciaram aquele contexto e guardavam na memória aquele personagem. Isso facilitou a retomada do culto ao herói militar, pois inseriu os jovens alemães do Terceiro Reich em uma experiência conjuntiva com a geração de seus pais. Promoveu uma interação entre pais e filhos, mediada pela cultura militarista, em conversas sobre os feitos desse piloto que o pai acompanhara pelos jornais, tendo, muito possivelmente, um postal com a fotografia de Richthofen em sua cômoda ou escrivaninha. O livro sobre a vida do Barão Vermelho pode ser tomado como um caso de estudo sobre a relação entre diferentes gerações na composição de uma comunidade emocional nazificada, ou seja, um exemplo de como a experiência de uma geração é transmitida e adaptada ao novo contexto voltado para a mobilização de emoções e sentimentos em sintonia com a ideologia e os valores nazistas. No caso, orgulho, nacionalismo e honra foram reavivados através de um artefato muito próprio da geração da Primeira Guerra Mundial (a autobiografia de Richthofen), contando com uma memória afetiva e certa nostalgia dos então jovens e depois pais alemães e atingindo em cheio a nova geração que lia o livro.

Aliás, o militarismo e a exaltação dos líderes do passado estavam presentes no grande espectro da literatura alemã do período, e nesse sentido a autobiografia do Barão Vermelho é uma das obras características do mercado editorial alemão durante o Terceiro Reich, mas outras ganham em importância quando observamos a dinâmica de publicação e consumo de livros no período. Como em várias outras áreas, o regime precisava de apoio da população para seus esforços e a simples imposição acarretaria descontentamento e oposição inconvenientes. Assim, se houve um movimento em direção à condenação dos livros que não se enquadravam na visão nazista de sociedade, era necessário também um outro movimento, no sentido de casar os anseios do regime com o gosto popular. O processo de *Gleichschaltung* (alinhamento), portanto, antes de ser uma mera imposição truculenta, era, muitas vezes, uma via de mão dupla: o regime indicava a direção a ser seguida e a população se movimentava pela adaptação.

O que se tornava *best-seller*, que tipo de livro era fomentado na ditadura, o que mobilizava os esforços de editoras e do regime para que determinados livros fossem produzidos, chegassem às prateleiras das livrarias e, por fim, às mãos dos leitores? No processo de alinhamento das ofertas literárias para os alemães, os nazistas fomentaram alguns estilos e certas preferências temáticas que, de certo modo, já tinham acolhimento na cultura alemã.

A expressão do gênio alemão, o elogio da indústria e da ciência, a celebração de grandes feitos eram uma constante na literatura alemã do período. *Anilin*, livro mais vendido do Terceiro Reich, com cerca de 3 milhões de cópias, é a maior expressão dessa tendência. Trata-se de um épico que tem início na Índia, nas plantações de índigo, sob um olhar orientalista e supremacista. A narrativa acompanha os desenvolvimentos e empreendimentos alemães durante décadas, narrando alguns dos maiores avanços da Química na Alemanha. O resultado é um romance histórico no qual empresários e pesquisadores surgem na narrativa como heróis desbravadores, ganhando projeção na cultura popular do período.

Outra linhagem literária incentivada no mercado editorial alemão foi a dos livros de aventura. Ficou famosa, graças à propaganda nazista, a preferência de Hitler pelos livros de Karl May, autor alemão que atingiu imenso sucesso na virada do século XIX para o XX. Suas obras, carregadas de racismo e nacionalismo, apresentam narrativas sobre o encontro de "selvagens" e "civilizados" ambientado em diferentes espaços geográficos, como Índia, Pérsia, China e Peru. Mas foram suas histórias centradas nos Estados Unidos, no contexto da exploração do "Velho Oeste", que o tornaram um dos maiores *best-sellers* alemães. De sua pena surge um dos personagens fictícios mais famosos da literatura popular alemã, Winnetou, um líder indígena apache que representa a ideia de coragem e sabedoria primordial. Quando um jornalista publicou, ainda em 1933, que Hitler tinha todas as obras de Karl May em sua estante e havia retomado sua leitura após a ascensão nazista, em lembrança de sua juventude, teve início uma febre de vendas desses livros. Jovens e adultos correram para as livrarias para comprar os livros que estavam na cabeceira do Führer, tendência que durou praticamente todo o Terceiro Reich.

A popularidade dos livros de aventura em geral foi bastante aproveitada pelo mercado editorial, e a literatura juvenil, especialmente, seguiu essa tendência durante os 12 anos do regime. Não apenas narrativas ambientadas em terras distantes – que podiam alimentar o imaginário colonialista e preparar os jovens alemães para a tarefa de ocupar o "espaço vital" –, mas também aventuras na própria Alemanha, passadas no campo, na floresta ou mesmo na cidade, com exemplos de coragem, orgulho nacional e valorização da honra e da disciplina.

O romance *Der Hitlerjunge Quex* (O Jovem Hitlerista Quex), de Karl Aloys Schenzinger (também autor de *Anilin*), chegou a vender mais de 300 mil exemplares e foi adaptado para o cinema já em 1933. Nele, o jovem Quex precisa se decidir entre a ideologia comunista dos pais e sua convicção nacional-socialista. Quando recebe um convite para participar da Juventude Hitlerista, encontra sua vocação e passa a participar das ações nazistas. Entretanto, durante uma panfletagem no bairro, comunistas o assassinam. O martírio de Quex pode ser visto como um chamado nacionalista à juventude, uma convocação ao combate contra os comunistas.

O Ministério da Propaganda logo aprendeu que, por vezes a propaganda explícita não cumpria tão bem o seu papel no campo cultural quanto a propaganda mais velada, diluída em um livro ou filme que cumprissem primeiro uma função recreativa e catártica. A Reichskulturkammer (Câmara de Cultura do Reich), órgão chefiado pelo ministro da Propaganda, orientava as disposições para a produção cultural alemã no período: na literatura, no cinema, nas belas artes, no rádio, na música, no teatro e na imprensa. No rádio, encenações e músicas populares conviviam com palestras eruditas, discursos dos líderes nazistas e sinfonias. Nos palcos, óperas e dramas épicos tinham grande apelo, Wagner e Lehar eram exaltados, enquanto Lessing, Kleist e outros autores considerados clássicos eram encenados. Mas também havia bastante espaço para peças farsescas e comédias musicais. A sátira fraca e de viés propagandístico ganhou espaço ainda na cultura impressa das revistas ilustradas, uma tradição do humor alemão que contava com revistas famosas em toda a Europa. Entretanto, a ascensão nazista ao poder trouxe consigo a pressão pelo alinhamento, a censura, a violência da SA e da Gestapo contra as principais vozes críticas da imprensa nacional e a perseguição e o exílio de vários jornalistas, ensaístas e chargistas. O resultado foi a continuidade de uma imprensa quantitativamente variada, mas com conteúdo mais homogêneo e propagandístico. Na imprensa ilustrada, o humor acrítico também serviu ao desvio da política, provocando um riso que não levava a qualquer reflexão.

No cinema, os alemães podiam se dirigir às salas de projeção para assistir a uma variedade de filmes, como o filme-propaganda de Leni Riefenstahl, *O triunfo da vontade*, ou a comédia musical *Amphitryon*. Essa variedade refletia o resultado do equilíbrio entre catarse e dogmatismo nas produções fílmicas alemãs.

Entretanto, de todas as formas de produção cultural durante o Terceiro Reich, uma delas manteve-se bastante rígida, buscando seguir um padrão ideológico mais evidente: as belas artes, em especial a pintura, campo no qual os nazistas se opuseram de forma veemente ao modernismo em suas mais diversas expressões, fossem dadaístas, surrealistas, a nova objetividade, o expressionismo ou o cubismo. Em um investimento maciço na politização da estética, os nazistas estabeleceram um ideal que identificava os modernismos com a decadência da arte e um reflexo da degeneração do mundo, e promoveram uma forte campanha contra qualquer obra que contrariasse os princípios do nazismo. A arte aceita era a que se manifestava como um campo da ação revolucionária e da renovação estética (na verdade, conservadora) do campo artístico. Os nazistas então denunciavam a estética modernista "degenerada" e promoviam a estética "regenerada" nacional-socialista.

Censuravam obras de artistas vinculados aos modernismos, criticavam-nas em revistas e jornais especializados e organizavam exposições de denúncia daquilo que chamaram de "arte degenerada" (*Entartete Kunst*). A estética modernista ligada à ruptura com as tradições, à instabilidade das formas, ao pacifismo, à democracia, à pluralidade, influenciada por expressões artísticas de fora da Europa e, em muitos casos, criada por artistas judeus e/ou comunistas, abarcava um conjunto de elementos e valores combatidos pelos nazistas. Ao procurar, por outro lado, promover a estética "regenerada", os nazistas defendiam uma arte que retomava valores estéticos, emocionais e simbólicos do período pré-modernista, vinculando-os com a projeção de uma cultura *völkisch* que sintetizaria, no campo da arte, a "comunidade do povo". A arte, para eles, deveria projetar e espelhar esses ideais, promover uma união emocional e estética e servir de impulso para a ação, a revolução conservadora pregada pelos nazistas.

Houve um grande investimento do regime na difusão dessas posições e na promoção do contato da população com essas obras, tanto as valorizadas quanto as criticadas. A participação das massas nesse processo de assimilação ou desqualificação das diferentes estéticas foi efetiva, e a circulação das pessoas em eventos e exposições de arte transformou a estética e a arte em assuntos populares.

Exposições-denúncia de "arte degenerada" foram organizadas em várias cidades do país, e a maior delas, ocorrida em Munique no ano de 1937, recebeu mais de 400 mil visitantes. A popularidade desses eventos era enorme, em geral gratuitos, indicados apenas para adultos e, apesar de terem como público-alvo principal a classe média conservadora, pessoas de todos os estratos os visitavam, instigados pela propaganda nazista. Os anúncios que sublinhavam o caráter capitalista dos movimentos modernistas e os preços exorbitantes que seus quadros atingiam enquanto "artistas alemães" passavam fome desafiavam a população a comprovar, com seus próprios olhos, a suposta degeneração da arte "judaica e capitalista".

Por sua vez, as exposições de "arte alemã" agiam, pelo reforço positivo, como um contraponto da "arte degenerada". E aqui, também, as publicações especializadas e as exposições promovidas sobre a temática faziam a população acompanhar tudo com interesse. Exposições anuais ocorriam em Munique e se mostraram centrais nesse processo. As *Grosse deutschen Kunstausstellungen* (Grandes Exposições de Arte Alemã) reuniam obras selecionadas de pintores e escultores alemães que representavam em suas telas o ideal da comunidade, da "raça" e do corpo arianos. A recepção, entretanto, nem sempre era muito boa, e a técnica que podia ser apresentada, por exemplo, em quadros de paisagens ou de natureza morta, passava despercebida diante do tédio dos visitantes. O público se interessava mais por quadros com temas como a vida dos trabalhadores, batalhas ou exaltação do nazismo em termos políticos, estéticos e ideológicos, como os dois exemplos seguintes de obras apresentadas em Exposições de Arte Alemã.

Rudolf Otto, *Bauernfamilie* (Família de fazendeiros). Óleo sobre tela. ca. 1944. (Deutsches Historisches Museum, L98/417)

Ivo Saliger, *Das Urteil des Paris* (O julgamento de Paris). Óleo sobre tela. 1939.
(Deutsches Historisches Museum, L98496)

## CORPO E ESPAÇO

O que na arte aparecia como idealização do corpo, no cotidiano dos alemães era um objetivo a ser alcançado. Não se tratava propriamente de uma cultura do corpo voltada à beleza e ao deleite, o que se buscava prioritariamente era a eficácia. Na utopia nazista, os corpos são meios de produção, que devem ser otimizados de todas as formas possíveis. O foco do Estado nazista em higiene, por exemplo, indica, a um só tempo, a melhora do "corpo ariano" e o afastamento e a condenação dos corpos "perigosos" – judeus principalmente, mas também de todos que pudessem, a partir do olhar ideológico, prejudicar a eficiência tanto do corpo individual quanto do corpo nacional. A propaganda nazista lançava mão da dicotomia forjada entre corpos saudáveis (arianos) e corpos "tóxicos".

Contudo, o ideal nazista a respeito dos corpos era um tanto ambíguo. Por um lado, valorizava-se a busca pelo "novo homem nazista", que se utiliza de todos os meios da técnica e da prática racionalizada para atingir um patamar completamente novo em termos de eficácia e potencial. Por outro lado, mantinha-se o imaginário romântico com sua valorização da conjunção do ser com a natureza, uma linha naturista de relacionamento harmônico com o ambiente que abre espaço, em sua lógica, para o que seria a lei maior da natureza: os mais aptos dominam os menos aptos. Pela chave conceitual da "raça", os nazistas se colocavam, a um só tempo, como modernos e antimodernos, desenvolvendo sua modernidade alternativa de cuidado com o corpo. Um dos pontos mais importantes desse cuidado era a dedicação aos esportes, incentivada em vários aspectos da vida cotidiana alemã.

Cartaz da *Kraft durch Freude* (Força através da alegria), iniciativa ligada à DAF (Frente de Trabalho Alemã) relacionando o desenvolvimento atlético com o aumento da capacidade de trabalho nas fábricas. (BPK)

Nas escolas, como já mencionado, a formação das crianças passou a enfatizar cada vez mais a educação física em detrimento de matérias "conteudistas", que pouco importavam na formação do "novo homem" nazista, futuro soldado ou mãe de soldados. Nas empresas, a *Kraft durch Freude* (Força através da alegria), iniciativa ligada à Frente de Trabalho Alemã (DAF), organizava partidas e jogos entre os funcionários, incentivava-os a treinar para alcançar maior desempenho esportivo - que seria convertido em desempenho no trabalho - e para superar rivais em campeonatos organizados - que impulsionaria sua competitividade e aumentaria sua capacidade guerreira. O desenvolvimento físico dos alemães, portanto, se materializava em seu dia a dia desde muito jovens, complementado pelas atividades realizadas nas organizações do NSDAP voltadas para a juventude, e continuava na vida adulta, em sua integração aos ideais nazistas por meio do esporte.

Para que os cidadãos comuns se interessassem em praticar esporte (e, com isso, desenvolver seus corpos), vários tipos de esporte competitivo foram promovidos pelo regime. O futebol, já bastante popular na Alemanha, ganhou ainda mais destaque com a participação alemã nas Copas do Mundo de 1934 e 1938 - em 1934, os alemães ficaram em terceiro lugar, o que levantou os ânimos nacionais, mas em 1938 perderam no primeiro jogo para a Suíça por 4x2 e acabaram eliminados na primeira fase. O futebol também fazia parte do cotidiano alemão fora dos períodos de Copa. Times que ainda hoje disputam a Bundesliga (campeonato nacional alemão) se enfrentavam durante o período do Terceiro Reich em partidas com ampla cobertura da imprensa. As finais chegavam a levar mais de 100 mil torcedores aos estádios. Nos 12 anos de regime nazista, o time que dominou o futebol alemão foi o Schalke 04, equipe da cidade de Gelsenkirchen, vencendo 6 dos 12 títulos disputados (em 1945, por conta da guerra, não houve campeonato). Times das cidades de Düsseldorf, Nuremberg, Hannover e

Dresden também se sagraram campeões nesse período. O bem-sucedido Schalke 04, contudo, não conseguiu seu sétimo título no campeonato de 1941, decidido entre ele e o Rapid Wien, time de Viena que, após a anexação da Áustria, passou a disputar o campeonato alemão. Após o Schalke abrir 3x0 no placar, os austríacos viraram o jogo com gols aos 15, 17, 18 e 26 minutos do segundo tempo, sendo três gols do atacante Franz Binder. Nessa ocasião, os torcedores alemães de Gelsenkirchen sentiram o impacto da política imperial nazista de uma forma jamais imaginada: no campo de futebol.

Os esportes de neve, com esquis, por exemplo, eram imensamente populares entre a elite e a classe média. A região de Allgäu, nos pés dos Alpes, é ainda hoje conhecida como destino dos amantes desses esportes, e já o era antes da ascensão nazista. Muitos clubes e pousadas especializadas viviam desse turismo esportivo e, durante o regime, tiveram que se ajustar às novas regras de arianização, ou seja, membros judeus deveriam ser expulsos, hotéis e pousadas não poderiam mais recebê-los. Vários clubes passaram a ser organizados e gerenciados por pessoas que haviam se tornado membros do NSDAP ou da SS, o que implicou a adoção plena das diretrizes nazistas. Para aqueles que não caíam no "parágrafo ariano" de 1933, entretanto, passar um período nos Alpes alemães e austríacos era inclusive incentivado pelo regime, que promovia competições e oferecia cursos organizados pelo NSDAP, pela SA e pela SS. A SS também reservava para seus membros espaços exclusivos de treino, e muitos atletas de alto nível do esqui participaram de seus programas; com isso, ascendiam em ambas as carreiras, no esporte e na SS, onde acabavam também participando das ações criminosas da agência. Esportistas que se destacavam nas modalidades de inverno eram então tratados como heróis. É o caso de Hellmut Lantschner, campeão mundial de descida livre de esqui em 1939 que, mesmo na Áustria, juntara-se à SA em 1934. Quando o NSDAP foi colocado na ilegalidade na Áustria, ele fugiu para a Alemanha, mantendo seus treinos e competindo nos campeonatos organizados pela SA.

Os alemães também acompanhavam com interesse as corridas de carros, um esporte que se ligava aos anseios tecnológicos dos nazistas. Alfa Romeo, Mercedes-Benz, Maserati e a Auto Union (empresa estatal alemã formada da união de algumas empresas automobilísticas, dentre as quais se destacava a Audi) dominavam as pistas europeias, e os pilotos alemães dividiam com italianos e franceses a hegemonia nas corridas. Alguns desses pilotos eram elevados, com a ajuda da propaganda nazista, à categoria de heróis nacionais, como foi o caso de Bernd Rosemeyer. Sendo até 1935 um piloto de motos, mas com grande desejo de se tornar um piloto de carros de corrida (onde estava, de fato, o interesse do público), Rosemeyer insistiu muito junto aos chefes da Auto Union para que lhe dessem uma chance. Quando ela veio, seu duelo com um dos principais pilotos alemães, Rudolf Caracciola, chamou a atenção de todos. Rosemeyer conseguia se impor nas pistas e atingia velocidades cada vez maiores, o que lhe trouxe a fama de velocista. Estampando a capa de jornais e revistas, celebrado como uma sensação, Rosemeyer se tornou rapidamente um ícone e um modelo para os jovens alemães. Em 1937, correndo em uma *Autobahn* (autoestrada), ele rompeu pela primeira vez a linha de 400 km/h em uma estrada, levando outros pilotos a buscarem quebrar sua marca. Ela acabaria sendo superada justamente por Rudolf Caracciola, em janeiro de 1938, que ultrapassou os 430 km/h. Em uma tentativa de retomar seu recorde, Rosemeyer dirigiu seu Auto Union Typ R na *Autobahn* entre Frankfurt e Darmstadt, na qual perdeu o controle do carro e teve um acidente fatal. Sua carreira e morte foram amplamente utilizadas pela propaganda do regime. E o regime também havia sido utilizado por Rosemeyer para se promover em vida. O piloto entrara na SS e fez carreira ascendente na organização.

Participar da SS, estar alinhado com os preceitos do regime e ser fotografado no uniforme preto da elite nazista facilitou sua trajetória como esportista: mais espaço na imprensa, mais oportunidades, maior reconhecimento público, oficial e popular. As duas imagens que Rosemeyer exibia, a do piloto em uniforme de corredor e a do nazista em uniforme da SS, se mesclavam no imaginário social. Seu exemplo de coragem nas pistas e alta performance estava totalmente vinculado às engrenagens repressoras da ditadura nazista. Para os jovens que acompanhavam sua carreira, viam suas fotografias e liam suas entrevistas nos jornais, tal vínculo podia ser determinante na aceitação e apreciação do regime. Esse efeito era ainda reforçado pelo contexto de exaltação da engenharia nazista, que projetava e construía as *Autobahns*, ou ainda pelo entusiasmo com que a produção de carros populares era buscada no Terceiro Reich. O carro que hoje conhecemos como Fusca (KdF-Wagen, ligado à *Kraft durch Freude*) – projetado por Ferdinand Porsche, também vinculado aos carros de corrida da Auto Union – resultou de uma busca por um carro confiável e barato, que custasse no máximo 1.000 marcos. Na promessa de mobilidade que os alemães compravam com seu KdF-Wagen, o orgulho nacionalista vinculado a figuras como Rosemeyer e a exaltação da engenharia ligada às autoestradas compõem um mosaico no formato de uma suástica.

À esquerda, cartaz anunciando o Grande Prêmio da Alemanha, em julho de 1934, no autódromo de Nürburgring. (Autoria desconhecida)
À direita acima, uma família aproveita seu dia de folga à beira do rio com seu KdF-Wagen, o Volkswagen.
(Bundesarchiv, 146II-732)
À direita abaixo, uma propaganda apresenta o KdF-Wagen em seu hábitat: uma *Autobahn*.
(Brochura de instruções do KdF-Wagen, 1938)

Natação, ginástica, atletismo, boxe (Max Schmeling foi um dos nomes mais exaltados do esporte alemão naqueles anos) – todos esses esportes foram abordados pelos nazistas segundo o mesmo padrão: clubes eram criados e/ou nazificados, grandes nomes do esporte eram vinculados ao regime e incensados pela propaganda ideológica: a mensagem de perfeição atlética corporal que emanava de suas vitórias era também uma mensagem de eficiência e de alto desempenho do Terceiro Reich.

Na mesma lógica, o grande evento esportivo do período nazista, as Olimpíadas de Berlim, se transformou em uma ode à eficácia, perfeição estética e plasticidade dos corpos, com a ajuda do documentário dirigido por Leni Riefenstahl, *Olympia*. Além disso, o evento foi visto pela população alemã como uma festa dos povos, na qual o povo alemão foi celebrado acima de todos os outros. Da construção do estádio olímpico de Berlim, passando pela recepção das delegações estrangeiras até os ensaios de danças para as cerimônias de abertura e encerramento, tudo foi apresentado como uma exaltação da "comunidade do povo", de sua potência e da projeção que a Alemanha estava ganhando no exterior. De fato, a organização das Olimpíadas de Berlin mudou a imagem da Alemanha no mundo. Além disso, colaborou para favorecer o consenso entre a população local, ou seja, a partir do evento, mesmo aqueles que não eram nazistas, que não acreditavam ou que não simpatizavam com as diretrizes e a repressão do regime, passaram a aquiescer com sua continuidade, propiciando que uma política de planejamento de guerra e de repressão racialmente orientada ganhasse corpo e grande adesão no país.

Nesse processo de consentimento, mesmo os momentos de lazer e prazer recebem contornos nazificados. Isso porque a ideia de que a "comunidade do povo" se orientava para o desempenho máximo também trazia a preocupação com seu esgotamento, portanto, era preciso promover também atividades catárticas. A valorização dos esportes, tanto como atletas quanto como espectadores, era uma parte desse processo. Mas outras atividades também estavam na mira da *Kraft durch Freude*. Uma das maiores preocupações era com o período de férias, valorizado no sentido de que os considerados bons trabalhadores tivessem uma recompensa por seu empenho. Em balneários e praias, durante o verão, ocorriam demonstrações dos clubes de esportes e de canto ligados à SA e à SS, reforçando a sensação de festividade e de um momento inabitual vivido pelas famílias. Cabines com cadeiras e proteção contra o sol eram disponibilizadas ou alugadas para os visitantes, que se espalhavam pelas areias em maiôs e calções de banho. Vendedores ambulantes de sorvete garantiam que as crianças se refrescassem entre corridas e brincadeiras com bolas, em cenas que não chamariam a atenção dos observadores atuais, não fossem as bandeiras vermelhas com as suásticas dispostas aqui e ali. Os espaços de lazer eram então controlados, patrulhados por equipes destacadas da SA. Judeus foram proibidos de usufruí-los.

Pequenas viagens e férias passaram a ser parte de um programa do governo para levantar o moral dos trabalhadores. Pagando pequenas parcelas de seus salários, eles podiam organizar períodos de descanso com suas famílias através das agências da Frente dos Trabalhadores Alemães. Entre os esforços dos nazistas nesse sentido destacam-se os cruzeiros, que levavam entre 1.000 e 1.500 passageiros saídos de Hamburg ou Bremen para passeios, em geral, na Espanha e na Itália. Também a construção do Balneário de Prora, no Mar Báltico, é digna de destaque, apesar de nunca ter realmente sido colocado em atividade. Tratava-se de um complexo de oito blocos que visava receber mais de 20 mil turistas ao mesmo tempo. Erigido na típica arquitetura nazista, com seu formato de caixa e linhas retas, tinha mais de 4 km, compostos quase na totalidade de quartos destinados aos turistas. As imagens de Prora serviriam também para demonstrar o avanço do nazismo e da "comunidade do povo" sobre a natureza, recompondo o espaço físico à beira do Mar Báltico, tendo ao centro um mastro com a bandeira nazista.

A celebração da "comunidade do povo" é intrínseca à exaltação da ideologia e do partido nazistas. É nesse ambiente que as sociabilidades ocorriam, as amizades eram vivenciadas e a vida se desenrolava.

Na Alemanha do consentimento, o orgulho nacional era celebrado em cada nova construção nas cidades, em cada autoestrada pavimentada, nas capas de jornais e revistas das bancas, nas ruas adornadas com as bandeiras da cruz gamada. A bandeira do NSDAP se tornara a bandeira oficial da Alemanha, indicando a nova era do país.

## BIBLIOGRAFIA RECOMENDADA

BERADT, Charlotte. *Sonhos no Terceiro Reich*. São Paulo: Fósforo, 2022.
KLEMPERER, Victor. *LTI – A linguagem do Terceiro Reich*. Rio de Janeiro: Contraponto, 2009.
OHLER, Norman. *High Hitler*. São Paulo: Crítica, 2020.
SPEER, Albert. *Por dentro do Terceiro Reich*. São Paulo: Crítica, 2022.

## FILMOGRAFIA RECOMENDADA

AMORIM, Vicente (dir.). *Um homem bom*. Inglaterra, 2008. 96 min.
PÉREZ, Vincent (dir.). *Sozinhos em Berlim*. Alemanha, França, Inglaterra, 2016. 103 min.
SANDERS-BRAHMS, Helma (dir.). *Alemanha, Mãe Pálida*. Alemanha Ocidental, 1980. 123 min.
WAITITI, Taika (dir.). *Jojo Rabbit*. Estados Unidos, Nova Zelândia, Tchéquia, 2019. 108 min.

# O NAZISMO E SEU CAMINHO RUMO AO HOLOCAUSTO

O cotidiano na Alemanha nazista podia ser bastante "normal", como visto, dada a continuidade de práticas e tradições que já faziam parte da vida dos alemães antes da ascensão do NSDAP. Em muitos casos, como em vários dos exemplos já elencados aqui, estruturas sociais e de convivialidade já existentes foram nazificadas, ou seja, moldadas de acordo com as práticas, o discurso e a estética nazistas. Em outros, ideias e imaginários preexistentes foram reforçados ou enfraquecidos no campo público, de acordo com os interesses da ditadura. E há também os exemplos que apontam para as novidades que o nazismo trouxe consigo: o impulso modernizador, a busca pelo maior desempenho, a criação do "homem novo".

Dentre todas as políticas implementadas pelos nazistas, entretanto, uma se torna central para compreender os rumos do regime: a estruturação de um Estado racial, no qual a cidadania é atrelada ao pertencimento a uma "raça". A ideologia supremacista e antissemita guia as decisões e a organização de boa parte das instituições, voltadas não apenas para o desenvolvimento da "raça superior", mas também para a eliminação de qualquer ameaça (real ou imaginária) à sua existência. Na mitologia-base do nazismo se encontra a crença no destino inexorável da "raça" ariana em sua trajetória rumo à hegemonia mundial, o que, sublinhe-se, não significa domínio territorial do mundo. Mas, nesse processo, um "inimigo eleito" se torna central para que se desenvolvam uma visão de mundo própria e uma práxis específica voltada, a um só tempo, à realização da fantasia supremacista e à eliminação dos inimigos do corpo social alemão.

Afirmar que todos os alemães, individualmente, eram antissemitas e queriam o extermínio dos judeus não é, de modo algum, verdadeiro, mas é possível afirmar que a lógica administrativa, ideológica e de ação do Terceiro Reich apontava para a realização do genocídio. Analisar como essa característica inata do nazismo se manifestou e como ela levou ao Holocausto é o objetivo deste capítulo.

## ANTISSEMITISMO IDEOLÓGICO

Não era segredo: os nazistas anunciavam seu antissemitismo abertamente desde 1919, ano da fundação do partido, e em todos os anos subsequentes. Era um movimento ideológico de extrema direita que pregava abertamente o ódio aos judeus e indicava, em seus discursos, panfletos e projetos, o objetivo de privar os judeus dos direitos políticos e econômicos e, no limite, da convivência com os alemães. O olhar em retrospectiva do historiador nota isso de forma clara a partir dos documentos e testemunhos, mas isso não era perceptível então? Não era possível ver que o ódio, marca registrada dos discursos nazistas, abria caminhos para ações violentas e extremas que colocavam em xeque a própria sociedade alemã? As pesquisas historiográficas indicam que sim, era possível ter consciência. Mas mesmo entre aqueles que compreendiam os rumos desses discursos, que avaliavam a gravidade das ações antissemitas, a escalada da violência podia ser relativizada quando colocada em perspectiva com outras ações dos nazistas, especialmente no campo econômico e no antagonismo com os comunistas. Isso não tira a responsabilidade da população que permaneceu inerte – sem falar dos que a apoiavam abertamente – frente à violência sistemática contra os judeus, pelo contrário. O ato de fazer vistas grossas para as manifestações de ódio que ocorriam desde os primeiros anos do regime nazista evidencia o peso que o silêncio tem no estabelecimento de um sistema de repressão e destruição como foi o nazista.

Essa constatação é o primeiro passo necessário para que a dinâmica social do Terceiro Reich possa ser compreendida. O segundo passo é entender o antissemitismo e como ele se manifestava na sociedade alemã. Nesse ponto, lembrar que ele não é uma invenção do nazismo é fundamental. O *antissemitismo contemporâneo* (fruto do século XIX) tem como base o acúmulo de séculos de ódio antissemita, e já era uma realidade em toda a Europa e mesmo fora dela muito antes de o NSDAP ser fundado. Ainda que bebesse nas fontes do antissemitismo religioso, que pregava que os judeus seriam os assassinos de Jesus e, por isso, inimigos dos cristãos, o antissemitismo contemporâneo tem uma natureza distinta.

Em sua imensa maioria, os momentos de perseguição religiosa aos judeus por parte dos cristãos desde a Idade Média focavam na distinção de crenças, e a "salvação" dos judeus poderia ser obtida pelo sacramento do batismo. Nele, os judeus renegariam suas origens e aceitariam Jesus como seu salvador, o que os redimiria perante o olhar cristão. Esse princípio leva alguns autores a preferirem o termo antijudaísmo para se referir ao ódio direcionado aos judeus em sua justificativa religiosa. Mas é preciso também considerar que os judeus eram identificados não só como seguidores de uma religião, mas também como pessoas de hábitos e práticas diferentes daquelas da Cristandade, o que os diferenciava não apenas pelos preceitos e crenças religiosas, mas também pelas ações em suas sociedades. O batismo também faria com que o "cristão-novo" se conformasse aos hábitos e às crenças ligadas ao cristianismo, o que, em muitos casos, resultava na conformação econômica, social e comportamental, que eram as razões implícitas nas grandes perseguições que os judeus sofreram no decorrer dos séculos. Nesse sentido, é possível encontrar continuidades que caracterizam o antissemitismo como um conceito válido tanto para o período medieval quanto para o período contemporâneo.

Ocorrem, entretanto, a partir da segunda metade do século XVIII, modificações na percepção do judeu inserido nas sociedades europeias. Pensadores como Moses Mendelsohn, membro mais ativo e famoso da Haskalah, movimento intelectual conhecido como o Iluminismo judeu, seu aluno David Friedländer e o poeta e dramaturgo Gotthold Ephraim Lessing começaram a promover aproximações entre o cristianismo e o judaísmo, defender a emancipação dos judeus nas sociedades da Europa, bem como sua integração a partir da promoção da secularização dos Estados. Esse movimento ganhou impulso em seus diálogos com os filósofos iluministas e suporte em vários Estados e cortes europeias. Tal apoio entre as elites políticas e intelectuais não estava sempre baseado no princípio da tolerância, e por vezes era voltado à integração do judeu na sociedade por razões culturais, intelectuais ou econômicas. A emancipação dos judeus na Europa vem desse movimento intelectual, com o apoio das elites.

Essa aproximação ganhou força após a Revolução Francesa, quando a reestruturação dos Estados-nações acelera a busca por capitais para financiar essa transformação. Nesse contexto, as fortunas de banqueiros judeus se mostraram uma das fontes mais prolíficas. Foi de seus cofres que veio boa parte do dinheiro que financiou a luta contra Napoleão, a industrialização e o imperialismo no século XIX. Então se evidencia o *antissemitismo contemporâneo*, que tem fortes raízes políticas. O vínculo dos banqueiros judeus com o Estado não era o mesmo vínculo cultural que os judeus tinham com as cortes europeias: aqui ele estava ligado a interesses específicos dos banqueiros, que buscavam, com seus empréstimos, aumentar sua influência nos rumos das políticas econômicas nacionais. As origens judaicas desses banqueiros, entretanto, eram evidenciadas entre a população, e a própria existência e a ação do Estado acabavam se confundindo com o "capital judaico". Além disso, esse Estado entrava cada vez mais em atrito com diversos grupos sociais no processo de expansão econômica e repressão de manifestações sociais. Assim, a percepção geral entre a população passou a ser a de que os problemas do Estado estavam diretamente ligados aos seus "senhores ocultos", os "donos do capital", em suma, os judeus. Um novo sentimento de ódio e de suspeita constante em relação aos judeus se conformou nessa conjuntura europeia. Nas palavras de Hannah Arendt, "foi simples como ocorreu esse processo: cada classe social que entrava em conflito com o Estado virava antissemita, porque o único grupo que parecia representar o Estado, identificando-se com ele servilmente, eram os judeus".

Essa nova configuração política na Europa está na base do ressentimento e do ódio antissemita contemporâneo. Aqui estão as raízes para as teorias conspiratórias e paranoicas que envolvem os judeus em narrativas cada vez mais fantásticas, mas que servem para "explicar" crises, derrocadas e fracassos de indivíduos e de grupos sociais. A frustração que a pequena burguesia experienciava, por exemplo, era revertida em ressentimento e direcionada para os bodes expiatórios mais comuns: maçons, jesuítas e judeus. A narrativa conspiratória mais popular durante todo o século XIX foi *Biarritz*, uma história escrita por John Ratcliffe publicada em folhetim, que depois ganhou uma versão em livro bastante difundida. Nela, um dos capítulos, intitulado "O Cemitério de Praga" (que viria a inspirar livro homônimo de Umberto Eco), descreve uma reunião dos representantes das Doze Tribos de Israel. Esses homens formariam um grupo que determinaria os destinos do mundo em proveito do povo judeu. Suas estratégias eram descritas no livro: a infiltração dos judeus nos altos cargos dos governos, o domínio da imprensa, a proletarização dos trabalhadores para serem mais facilmente explorados etc. Essa narrativa serviu de base para a produção, na virada para o século XX, dos *Protocolos dos Sábios de Sião*, um dos panfletos difamadores mais difundidos da história e que supostamente denunciava 24 protocolos ou procedimentos que os judeus e maçons utilizariam para controlar o mundo. Acredita-se que o texto tenha sido forjado pela polícia secreta czarista (a Okhrana). Traduzido para várias línguas, os *Protocolos* se tornaram um *best-seller,* alcançando sua maior popularidade justamente no período entreguerras, quando a crise do liberalismo se mostrava mais aguda.

O antissemitismo contemporâneo encontrou um terreno fértil entre as massas ressentidas e suscetíveis às explicações conspiratórias. De forma paralela, o nacionalismo e o racismo impulsionaram a prática imperialista, dominante no final do século XIX. Esse caldeirão cultural e ideológico iria alimentar movimentos populistas e racistas em todo o continente, e na Alemanha e na Áustria, em particular. É desse ambiente que surgiram as primeiras traduções documentadas dos *Protocolos* em língua alemã, feitas pelos ativistas *völkisch* Ludwig Müller von Hausen e Theodor Fritsch, publicadas no início da década de 1920. O antissemitismo cultivado nos círculos *völkisch*, contudo, ultrapassa a mera lógica racista ao apontar o elemento judeu como um obstáculo, a um só tempo, racial, social e econômico para o desenvolvimento das nações europeias. Não se trata de uma simples lógica binária do superior x inferior, do mestre x escravo, já que o elemento judeu, inserido em uma lógica sociopolítica mais complexa, é apresentado como inferior (em termos raciais), mas perigoso (em sua astúcia e malícia); como elemento estranho (por não pertencer à "raça ariana") e interior (por ter criado um "Estado dentro do Estado" com o objetivo de se infiltrar e dominar a sociedade). É apresentado, por fim, como um elemento nocivo ao sangue alemão (voltado para sua contaminação e consequente enfraquecimento) e como um mal a ser extirpado para o salvamento da nação alemã. Nessa construção, o antissemitismo se converte em uma peça importante da visão de mundo *völkisch*, pois serve como elemento agregador desse movimento e, ao mesmo tempo, alvo privilegiado para a ação política. O resultado é que ele esteve presente nas ideologias, visões de mundo e bases teóricas de várias organizações, partidos e agrupamentos de caráter *völkisch* do final do século XIX e das primeiras décadas do século XX, inclusive o NSDAP, e sua difusão se exponencializou nos discursos, jornais, literatura e panfletos produzidos nesses meios.

Imprensa *völkisch* em algumas de suas manifestações mais populares: À esquerda, edição alemã dos apócrifos *Protocolos dos Sábios de Sião*. À direita, acima, o jornal *völkisch* adquirido pelo NSDAP, *Völkischer Beobachter*, e abaixo o semanário antissemita de Nuremberg, *Der Stürmer*.

A difusão do antissemitismo ganha impulso com a proliferação de materiais impressos que são produzidos no interior desses grupos. Carregam consigo as narrativas conspiratórias e desenvolvem uma relação direta com o sentimento de frustração e de medo em relação ao futuro, em especial para os indivíduos da baixa burguesia e da classe trabalhadora que se veem ameaçados ou com medo do que o futuro lhes reserva. Em um mundo em que a economia, o emprego, o *status* e a política se mostram inconstantes e vulneráveis, a ideia de pertencimento a uma "raça" dá certa segurança a esses indivíduos, e a idealização de um inimigo permanente a ser combatido oferece uma linha estável para a construção da mentalidade *völkisch*. Dessa forma, a imprensa *völkisch* serve ao propósito da retroalimentação ideológica, uma vez que retoma o tema central (o combate aos judeus) de diferentes formas, com narrativas as mais variadas. Ao mesmo tempo, essa imprensa circula entre uma comunidade que compartilha essas ideias e sentimentos. Com isso, formata-se uma espécie de microssociedade pautada por certos "saberes", que movimenta um determinado imaginário e se habitua a certos conceitos, jargões e palavras de ordem que indicam o antissemitismo como elemento corrente.

## ESTEREÓTIPOS EM IMAGENS

Algumas das transformações no antissemitismo durante o século XIX dizem respeito à sua adaptação ao racismo, ao cientificismo biológico e ao darwinismo social correntes no período. Nesse processo, a pressuposição de uma "raça judaica" leva à composição de caricaturas e estereótipos que vão integrar, agora como representações centrais, o imaginário antissemita. Veiculadas na imprensa racista, em particular nos meios *völkisch* na Alemanha e na Áustria, essas representações acabarão se tornando chaves para a compreensão do nazismo.

Na composição "racializada" e estereotipada do judeu, na construção quase mitológica desse inimigo a ser combatido, algumas características físicas são a ele imputadas, transformando-o em um personagem reconhecível, que ganha diferentes facetas e se apresenta em diferentes contextos, mas que carrega em suas características físicas o peso de seu pertencimento a essa "raça". São elas: os pés "chatos", a testa pequena, as costas encurvadas, o queixo curto e, principalmente, o nariz adunco ou em "formato de seis". Tais elementos podem variar em algumas ilustrações, mas compõem a caracterização básica construída para que os espectadores, ou melhor, os leitores das mídias *völkisch* e nazistas, identifiquem o seu inimigo e concebam uma visualidade da vilania a ele relacionada. O fator reconhecimento se torna necessário na composição e recepção das mensagens antissemitas.

Elas se mostraram tão fortes que, já no regime nazista, indivíduos agiam com base no que acreditavam ser seus conhecimentos sobre o "tipo judaico". É o que ocorreu, por exemplo, em 15 de julho de 1935, quando teve início um violento tumulto em torno da estreia do filme antissemita sueco *Pettersson & Bendel*. O filme trazia em seu enredo os esquemas e os negócios ilegais que os dois personagens-título da película realizavam para ganhar a vida, indicando que essas eram características próprias dos judeus, ou seja, que viveriam para macular e se aproveitar da sociedade na qual viviam. A estreia do filme acabou sendo interrompida por indivíduos que protestaram contra o teor abertamente antissemita do enredo, obrigando o cinema que foi palco dos protestos (o Gloria-Palast, no Kudamm, em Berlim) a fechar as portas mais cedo. Esse, ao menos, foi o relato que o *Völkischer Beobachter* trouxe em suas páginas e que acabou levando um considerável número de membros da SA e da Juventude Hitlerista ao Kudamm nos dias seguintes motivados a atacar todo e qualquer transeunte que tivesse "cara de judeu". Homens e mulheres foram espancados e os nazistas comemoraram a violência. Membros da elite conservadora alemã chegaram a se preocupar com o caos que tais manifestações poderiam gerar. O que os inquietava de fato não era exatamente a violência, mas a falta de regras e de leis que a apoiassem e canalizassem, o que os nazistas iriam, em breve, oferecer ao promulgar as Leis de Nuremberg.

A certeza de espancar judeus com base na aparência era vista como plenamente justificável para os militantes nazistas, pois a construção da imagem estereotipada do judeu foi realizada de forma massiva e repetitiva, vinculando certos elementos físicos não apenas a um pretenso pertencimento "racial", mas também, e principalmente, a uma lista de valores específicos que, os nazistas sustentavam, seriam "tipicamente judaicos": a falsidade, a imoralidade, a desonestidade, a indecência e a perversidade eram indicadas como características inatas ao judeu. Como pregavam os nazistas, em uma lógica biologizante, haveria um vínculo genético entre a "raça judaica" e essas faculdades, o que justificaria a ideia de uma "sub-raça" inerentemente má e nociva. Aos olhos ideológicos, as ações dos judeus na sociedade alemã seriam fruto desse conjunto de atributos e se dariam, de forma geral, de três maneiras.

A primeira seria a manipulação, que englobaria operações voltadas ao controle da sociedade, como a orientação ideológica (em favor do comunismo ou do liberalismo), o controle dos grandes capitais a partir das especulações e das bolsas de valores, a imposição de guerras entre os países ou de conflitos internos por meio do controle da imprensa internacional ou até mesmo pelo controle do destino das "raças" através da contaminação do sangue ariano pela sedução de jovens alemãs. A segunda seria a busca do proveito próprio, motivada pela cobiça por dinheiro e poder, na expressão do egoísmo e da avareza. A terceira seria a confrontação entre judeus e arianos alimentada por uma oposição consciente, por parte dos judeus, voltada ao domínio e controle dos alemães; tal confrontação, entretanto, não se daria de maneira aberta, mas sempre evasiva, pelas sombras, por meio de subterfúgios que apenas os iluminados que compreendessem a lógica das ações dos judeus (ou seja, os nazistas e seus apoiadores) poderiam denunciar e combater.

Pôster do filme antissemita *Judeu Süss* (1940).
(Deutsches Historisches Museum, P94/3050)

Ilustração "Wie man einen Jude erkennt" (Como reconhecer um judeu) do livro paradidático *Der Giftpilz* (O cogumelo venenoso), 1939, de autoria de Ernst Hiemer e com ilustrações de Fips. Na imagem, um aluno demonstra aos colegas como identificar um judeu a partir de seus símbolos (a estrela de Davi) e, em especial, sua constituição física, na qual o nariz em formato de "6" seria central.

Dentro da comunidade de sentido na qual essas representações são difundidas ocorre uma vinculação automática entre moral e o "nariz em formato de 6". Na educação dos jovens alemães, tais representações são reforçadas em livros didáticos e paradidáticos, nas aulas de Conhecimentos Raciais. Na cultura impressa *völkisch* e nazista, em ilustrações, charges e caricaturas, a inserção do nariz em desenhos de animais peçonhentos, monstros, vírus e bactérias produz uma imediata associação entre toda a estrutura de valores e práticas maléficas aqui elencadas, os judeus e a natureza do animal. Assim, um rato desenhado com um nariz supostamente semita, naquele contexto, remeteria imediatamente para aqueles que possuíssem a chave de interpretação, ou seja, para os membros daquela comunidade de sentido, à ideia de pragas, doenças e contaminação (características do rato). As práticas e os valores associados ao signo do nariz, por sua vez, seriam identificados como os meios pelos quais a praga se dissemina e contamina seu ambiente. Todos esses elementos, por fim, se reportariam ao elemento judeu, o significante radical que o nariz evoca.

Toda essa estrutura imagética e conceitual não é, como já afirmado, uma invenção do nazismo, mas são os nazistas que a transformam em uma visão de mundo amplamente propagada, massificada e, quando não totalmente aceita, ao menos normalizada e tolerada no campo público alemão. São eles que convertem o antissemitismo e o ódio nele canalizado em princípios de ação política e de regulação social. São eles que, levando ao último estágio a vinculação biologista e racista dos traços morais atribuídos aos judeus, promovem políticas que desencadearão seu princípio eliminacionista, buscando "solucionar" aquilo que eles chamavam de "questão judaica" (*Judenfrage*) pela expulsão e pelo genocídio.

## A POLÍTICA RACIAL NAZISTA

Desde sua ascensão, os nazistas buscaram colocar em prática seus princípios norteadores de "salvação nacional", ou seja, eliminar da Alemanha todos os inimigos da nação que eles mesmos identificaram e elegeram. Social-democratas, comunistas, homossexuais, ciganos, pessoas com deficiências físicas e mentais, todos eles foram alvo da ideologia nazista, sofreram perseguição e se tornaram objeto da lógica eliminacionista. Entretanto, entre todos os inimigos apontados, o principal na visão de mundo nazista foi o judeu.

Em 1933, quando os nazistas chegaram ao poder, o censo mostrava que viviam na Alemanha cerca de 500 mil pessoas que se declaravam judias. Esse número representava 0,77% da população total do país, o que coloca os judeus como uma minoria de fato. Apenas em Berlim viviam 160 mil deles. Quatrocentos mil tinham a cidadania alemã, sendo os demais estrangeiros com residência legal no país, dos quais 55 mil eram poloneses. Difamados pelos nazistas e seus apoiadores, alguns judeus viram na onda marrom que tomou conta da política alemã um prenúncio de tempos difíceis e saíram do país ainda naquele ano: venderam suas propriedades, fizeram suas malas e foram para a França, Inglaterra, Tchecoslováquia, Estados Unidos e Palestina começar uma nova vida. Outros decidiram ficar, apostando que os nazistas teriam pouco tempo no poder, que a crise logo passaria e levaria consigo os extremistas, ou ainda que, mesmo que os nazistas usassem o antissemitismo como bandeira de agitação política, na prática nada muito grave aconteceria aos judeus. Sem contar, claro, a parcela da população judaica sem posses materiais substanciais e que não tinha como simplesmente abandonar sua vida no país, mesmo com medo do futuro.

Para os que ficaram na Alemanha, os nazistas logo mostraram suas garras. Mesmo concentrando os primeiros meses de seu regime na repressão aos comunistas e, em seguida, aos social-democratas, com a chegada ao poder e o estado de exceção estabelecido depois do incêndio do Reichstag, os nazistas se sentiram bastante à vontade para intimidar e agredir judeus. Nos primeiros meses de ditadura, essas ações se deram efetuadas de forma desorganizada, com gritos e espancamentos nas ruas, pichações nas lojas e canções para humilhação dos judeus entoadas nas ruas pelas organizações do partido. Também casais mistos, ou seja, compostos por um(a) ariano(a) e um(a) judeu(ia) eram envergonhados publicamente, obrigados a se declarar "traidores da raça ariana" ou carregar cartazes insultantes. Tais ações tendiam a não ser muito bem recebidas pela população, que não se engajava na violência com os nazistas, mas também raramente protestava contra elas de forma veemente. Reclamações sobre "excessos" de violência chegaram a ser feitas na polícia, levando os nazistas a selecionar os espaços mais adequados para realizar suas agressões.

As agressões ocorridas nos primeiros meses de regime demonstraram que, ainda que convivessem com seus vizinhos e colegas, ainda que participassem de forma ativa em clubes e organizações sociais, os judeus não encontravam apoio ou manifestações públicas de defesa por parte de seus concidadãos não judeus. Algumas interpretações colocam essa falta de empatia na conta do próprio antissemitismo, que seria mais difundido do que se acreditava até então, outras indicam que o estado de exceção e os aparelhos de repressão que estavam sendo mobilizados deixaram a população alemã sem reação, e os indivíduos com medo de serem os próximos alvos da violência. Há ainda aquelas que apontam para uma fraqueza intrínseca às relações estabelecidas entre judeus e os demais alemães que, fechados em suas comunidades religiosas, acabariam mantendo uma convivência trivial, sem intimidade e proximidade. Devemos, entretanto, considerar uma mistura de todas essas explicações. O importante é que nesse processo inicial se verifica o princípio de enfraquecimento dos laços sociais que, paulatinamente, acabaria levando a um isolamento gradativo dos judeus. Além disso, se não são numerosos os alemães que defendem os judeus nesse primeiro momento, também são poucos os não militantes do NSDAP que apoiam e participam abertamente das hostilidades.

Grupo de militantes nazistas de Hamburgo obriga, em 1933, uma jovem alemã e um jovem judeu a carregarem cartazes com os dizeres "Eu sou a maior porca da região e só me envolvo com judeus!" e "Como judeu, eu só levo jovens alemãs para meu quarto!"
(Mary Evans Picture Library, 10061543)

Em 1° de abril de 1933, os nazistas organizaram um boicote aos comércios e serviços ofertados por judeus. A iniciativa fazia parte dos primeiros passos na construção dos "inimigos da nação", apontando quem eles seriam e separando-os da sociedade alemã. Anunciado com dias de antecedência, explicado em matérias na imprensa e orientado por placas e indicações visuais diante dos negócios dos judeus, o boicote foi um fracasso. Boa parte da população sequer tomou conhecimento da ação. Vários estabelecimentos não abriram as portas naquele dia para evitar a confrontação. E muitos cidadãos e comerciantes chegaram a reclamar da coação e das ameaças que os membros da SA direcionavam aos alemães que passavam pelas ruas. No exterior, o boicote foi muito mal recebido. Nesse momento, ao menos, o regime nazista foi obrigado a mudar de tática, optando pelo caminho jurídico.

Membros da SA convocam os alemães ao boicote em 1933. No cartaz central, lê-se: "Alemães! Defendam-se! Não comprem de judeus!" (Deutsches Historisches Museum)

Ainda em abril de 1933, os nazistas iniciam sua ofensiva contra os direitos e a cidadania dos judeus e de outros grupos "exógenos" à "comunidade do povo". A partir de então foi instituída a Identidade Ariana, como já comentado anteriormente, documento que permitiria aos contemplados o exercício pleno da cidadania no Estado racial. Com a exigência da Identidade, várias profissões passaram a ser "arianizadas", já que o "parágrafo ariano" das leis que regulamentavam os ofícios excluía judeus do exercício da medicina, da advocacia, do ensino e da burocracia. Apenas em Berlim, no contexto da promulgação dessas leis, cerca de 14 mil judeus perderam seus empregos. O "parágrafo ariano" também provocou a interdição dos judeus de todos os clubes e organizações sociais, os quais, em sua imensa maioria, passaram a ser organizados e dirigidos por membros do NSDAP. Esse processo teve um enorme impacto no convívio entre judeus e arianos, promovendo o afastamento e o isolamento social dos judeus, que passaram a poder frequentar apenas espaços e clubes reservados para eles. Esse processo vulnerabilizou ainda mais a comunidade judaica, hostilizada por militantes e milícias nazistas e ignorada pela imensa maioria da população. Como resultado, muitos judeus deixaram o país. Aqueles que viviam em localidades pequenas e médias, onde o reconhecimento de sua condição era geral e a vida se tornava cada vez mais difícil conforme o regime acirrava sua repressão, buscaram se mudar para cidades maiores, onde pudessem passar mais despercebidos, na própria Alemanha, apostando que, diluídos nas multidões das grandes cidades, seriam capazes de viver em paz. Nessa época ainda havia imprensa judaica no país, cujas opiniões variavam de órgão para órgão. O jornal da *Centralverein deutscher Staatsbürger jüdischer Glauben*, por exemplo, de linha liberal, clamava pela defesa da autonomia dos judeus na Alemanha e por campanhas contra a difusão do antissemitismo. Já o *Jüdische Rundschau*, de linha sionista, antevia, já no tempo da República de Weimar, os perigos da ascensão do antissemitismo *völkisch* e indicava a necessidade da emigração. Ambos os jornais buscavam alertar a população judaica sobre os perigos dos novos tempos, ao menos até 1938, quando foram proibidos juntamente com todas as outras organizações e publicações judaicas que ainda restavam.

O regime nazista não daria trégua e dificultaria ao máximo a vida dos judeus no país. Dois anos depois viria o maior golpe jurídico: a promulgação das chamadas Leis de Nuremberg. Oficializadas no encontro anual do NSDAP, essas novas normas jurídicas englobavam três conjuntos de leis. A primeira delas, a Lei da Bandeira, instituía a bandeira vermelha com o círculo branco e a suástica preta ao centro como nova bandeira oficial da Alemanha. As outras duas diziam respeito diretamente às questões raciais. A Lei da Cidadania do Reich (*Reichsbürgergesetzt*) ditava que, a partir daquele momento na Alemanha, apenas cidadãos plenos, ou seja, considerados de sangue ariano, teriam direitos políticos. Aqueles que não pudessem comprovar essa condição (judeus em sua maioria) teriam apenas um vínculo formal com o Estado, sem qualquer direito garantido. Na prática, essa lei estipulava que judeus eram formalmente alemães, possuíam a nacionalidade alemã, mas não tinham mais quaisquer direitos a usufruir.

### O nazismo e a homossexualidade

O preconceito contra homossexuais não era uma novidade na Alemanha nazista. Havia uma longa tradição homofóbica, parte de origem religiosa, parte também política. Na Constituição de 1871, da fundação do Estado alemão, o parágrafo 175 regulava o crime de homossexualidade e suas penas – um elemento que fez parte da norma jurídico-criminal alemã até 1994. Durante o período nazista, homossexuais eram encaminhados para campos de concentração, recebiam um triângulo rosa como identificação interna e podiam ser executados sumariamente. Estima-se que cerca de 10 mil alemães tenham sido presos sob essa acusação e encaminhados a campos de concentração, como Buchenwald, e cerca de 50% deles foram mortos. A seguir, extratos de um discurso de Himmler, de 1937, dão indicações sobre como os nazistas viam o tema da homossexualidade, e como o "problema" era abordado.

Gostaria de lhe transmitir algumas reflexões sobre esta questão da homossexualidade. Há pessoas entre os homossexuais que pensam: o que eu faço não é da conta de ninguém, é assunto meu. No entanto, todas as coisas que se referem ao setor sexual não são um assunto privado de um indivíduo, mas antes significam vida e morte do povo, significa poder mundial e isolamento. O povo que tem muitos filhos tem o direito ao poder e à dominação mundial. Um povo racialmente bom e que tem poucos filhos tem a certeza da sepultura, da insignificância em 50 e 100 anos, do enterro em 200 ou 500 anos.

Mas, além deste número – usei apenas os números –, esse povo também pode entrar em colapso como Estado por causa de outra questão. Somos um Estado masculino e, apesar de todas as falhas que este Estado masculino apresenta, devemos mantê-lo de forma firme. Pois a instituição do Estado masculino é a melhor. [...] Mas no momento em que o princípio de seleção puramente baseado no desempenho for negado, substituído por um – gostaria de dizê-lo agora com toda a seriedade – um princípio erótico, um masculino-feminino, um princípio sexual instilado no estado masculino de homem para homem, começa a destruição do Estado. [...]

O senhor Conselheiro Ministerial X é homossexual e seleciona entre seus assessores alguém para servir com ele como conselheiro do governo, mas não se baseia num princípio de desempenho. Ele não vai escolher o melhor advogado, que teve melhores notas, que tem experiência, não vai buscar alguém racialmente bem constituído, não vai procurar quem está ideologicamente bem formado. Não, ele não escolhe um assessor qualificado ou bem apessoado, mas escolhe alguém que também seja homossexual. Eles se reconhecem pelos olhares. Se você tiver 500 homens em um baile, em poucas horas eles descobrirão quem tem a mesma disposição. Nós, pessoas normais, não podemos nem imaginar como isso acontece.

[...]

A homossexualidade derruba toda a produtividade, todas as estruturas baseadas na performance do Estado, e destrói o Estado em seus alicerces. Além disso, há o seguinte: o homossexual é uma pessoa totalmente doente. Ele é fraco, é um covarde em todos os casos cruciais. Acredito que ele possa ser corajoso aqui ou ali na guerra, mas na área da coragem moral eles são os homens mais covardes que existem.

[...]

Hoje ainda temos registrado um caso de homossexualidade por mês nas SS. Haverá cerca de oito a dez casos por ano em toda a SS. Mas eu decidi o seguinte: essas pessoas serão, claro, em todos os casos, publicamente degradadas e expulsas. Elas serão entregues ao tribunal. Depois de expirada a pena imposta pelo tribunal, como punição, elas serão ainda levadas para um campo de concentração sob minhas ordens, e lá serão fuziladas em tentativas de fuga. Anunciarei isso por despacho à unidade militar a que pertence o acusado. Ao fazer isso, espero poder tirar o último desses tipos da SS, a fim de pelo menos manter livre o bom sangue que temos na Schutzstaffel e a recuperação nascente do sangue que estamos promovendo para Alemanha.

[...]

Peço-lhes agora que sempre que tenham uma oportunidade, conversem sobre essas ideias em privado – não diante de todo o corpo de liderança –, mas que falem com esta ou aquela pessoa sobre o assunto. Por favor, certifiquem-se de que nossos homens – como já falei – se reúnam para dançar com as meninas na celebração do solstício de verão. Penso que seria absolutamente correto se deixássemos os jovens dançarem de vez em quando no inverno, quando não convidamos garotas ruins, mas sim as melhores, e onde damos aos homens da SS a oportunidade de dançar com as meninas, serem felizes e aproveitarem. Penso que isso é particularmente importante pela única razão de que ninguém jamais siga o caminho errado em direção à homossexualidade. Isso seria um motivo negativo. Mas também acho que é importante por uma razão positiva: não precisaremos então nos preocupar se este ou aquele homem da SS terá um mau casamento com uma garota que não é racialmente digna, se dermos aos homens a oportunidade de conhecer pessoas valiosas, meninas de bom sangue.

[...]

Senhores! As coisas mais loucas que a mente pode conceber provocam o sexo equivocado. Dizer que somos animalescos é um insulto ao animal; pois o animal não faz tais coisas. Ou seja, a questão do sexo adequadamente administrada é a questão vital de todos os povos.

HIMMLER, Heinrich. Rede vor den Gruppenführer auf Homosexualität. 18 fev. 1937. *In:* SMITH, B.; PETERSON, A. (org.). *Heinrich Himmler Geheimreden 1933 bis 1945.* Berlin; Wien: Propyladen, 1978, p. 93-104; tradução do autor.

Nessas condições, os judeus se tornam corpos à mercê do Estado alemão, o que se confirma quando, durante a guerra, o Terceiro Reich busca a expansão territorial para o Leste e lá, nos territórios anexados, decide pela eliminação física daqueles indivíduos que, na formulação de Hannah Arendt, não tinham mais sequer direito a ter direitos. A terceira era a Lei para a Preservação do Sangue Alemão e da Honra Alemã. Através dela, ficava expressamente proibido o intercurso sexual entre arianos e judeus para que ficasse preservada a "pureza" racial dos alemães. A mitologia racista inerente à ideologia nazista levou o regime a procurar garantir a "proteção" das jovens alemãs, consideradas o elo mais frágil e vulnerável da estrutura racial não só por potencialmente gerarem as crianças do Reich, mas também por serem consideradas mais fracas que os homens e, portanto, propensas a serem seduzidas por "agentes contaminadores" do sangue ariano. Apesar de focadas particularmente no elemento judeu, essa lei também teve consequências para outros grupos "raciais", como os ciganos e os negros. A ascendência de cada indivíduo era considerada para se estipular, no caso dos "mestiços", qual o grau de exclusão na estrutura da cidadania do Reich a que ele deveria ser submetido. A cidadania plena era reservada apenas a alemães que conseguissem certificar sua ascendência "pura" até a terceira geração, ou seja, que tivessem os quatro avós comprovadamente arianos.

Esquema visual racista que indica quando o indivíduo pode ser considerado de "sangue alemão", "mestiço de 2º grau", "mestiço de 1º grau" e "judeu". (United States Holocaust Memorial Museum Collection)

As Leis de Nuremberg deram à população alemã uma base jurídica que fundamentava e justificava a segregação ideológica e burocraticamente. Aos judeus deram a certeza de que a perseguição não pararia ali. Sem qualquer proteção legal no país, expostos à crescente violência, humilhação pública e expropriação de seus bens, particulares e instituições judaicas promovem uma grande leva migratória. Para facilitar a inserção de jovens judeus alemães em sociedades receptoras e para incentivar a migração para a Palestina, nas escolas judaicas, são inseridas disciplinas de trabalhos manuais, agricultura e hebraico. Vender propriedades para levantar capital para a empreitada já não é mais tão fácil, e os judeus sofrem enormes perdas quando alemães se aproveitam da situação para pagar preços muito menores do que valem as casas, os negócios, as obras de arte e as joias das quais os judeus precisam se desfazer. Essa faceta do processo de perseguição e aniquilação dos judeus europeus é ainda hoje envolta em polêmicas e silêncios na Alemanha; o enriquecimento de alemães com o capital judeu nos 12 anos do Terceiro Reich é aviltante, mas sua ilegalidade é de difícil comprovação. Desde a compra vantajosa de um apartamento do vizinho judeu que precisava fugir do país, passando pela apropriação de propriedades, de objetos e de bens pessoais (que podiam "desaparecer" sem a possibilidade de que alguém prestasse queixa), chegando ao furto de dentes de ouro retirados de prisioneiros e armazenados nos depósitos de campos de concentração e de extermínio, todos esses exemplos entram na conta da espoliação da qual os judeus foram vítimas durante o regime nazista. O fato de muitos alemães, ligados ou não ao partido nazista, terem obtido vantagens econômicas nesse processo pode ser apontado como um dos elementos que facilitaram a formação do consenso sobre o regime.

Com o isolamento e a perseguição aos judeus promovidos pelo regime com a conivência da população alemã, aqueles que conseguiam os recursos para sair da Alemanha buscavam refúgio onde se mostrava possível. Os principais países receptores de imigrantes, como Estados Unidos e França, tinham na época políticas migratórias rigidamente regulamentadas que dificultavam a entrada de um número muito grande de estrangeiros. Uma das alternativas foi migrar para a Palestina, onde já havia uma comunidade de cerca de 200 mil judeus. Nos primeiros cinco anos do regime nazista, estima-se que 50 mil judeus tenham chegado à região fugindo da perseguição. Esse número continuaria crescendo durante a Segunda Guerra Mundial. Ao final da guerra, com a imensa onda de migração proveniente de toda a Europa, realizada tanto de forma legal quanto clandestina, e antes ainda da fundação do Estado de Israel, o número de judeus na Palestina havia triplicado, ultrapassando os 600 mil. Mesmo aqueles que conseguiram chegar lá de forma legal não o fizeram sem dificuldades: os ingleses, que controlavam o Protetorado, exigiam de cada indivíduo imigrante a comprovação de posse de valores em espécie, que variavam de 200 a 1.000 libras, de acordo com a profissão do solicitante, para autorizar sua entrada. Também era possível obter um visto de entrada para trabalhadores, que deveriam ter entre 18 e 35 anos; nesse caso, a comprovação de renda não era solicitada. Para obter autorização, os judeus enfrentavam enormes filas na embaixada inglesa em Berlim. Em 1939, entretanto, as fronteiras da Palestina foram fechadas pelos britânicos, restando aos judeus apenas a opção da imigração ilegal, em viagens muito mais perigosas, especialmente com o avanço da guerra sobre a Europa Oriental.

Em 1936, medidas e ações antissemitas haviam sido temporariamente abrandadas devido à grande quantidade de jornalistas estrangeiros recebidos no país por ocasião das Olimpíadas que poderiam noticiá-las mundialmente de forma negativa. Isso deixou parte da comunidade judaica aliviada e enganada pela possibilidade de a onda discriminatória estar amainando. Porém, ainda antes do fechamento das fronteiras palestinas e do início da guerra, a violência contra os judeus na Alemanha escalou novamente. Foi quando ocorreu a famigerada Noite dos Cristais.

O evento teve origem em uma questão "diplomática" com o Estado polonês, e envolveu as grandes mudanças territoriais que eram observadas naquele ano de 1938. Em março, a Áustria foi anexada ao Terceiro Reich, aumentando seu território, população e economia. Esse movimento geopolítico deixou os poloneses bastante preocupados com as novas dimensões do país vizinho e suas reivindicações territoriais. Além disso, cerca de 50 mil judeus de nacionalidade polonesa viviam na nova "Grande Alemanha", e o governo polonês não tinha interesse algum em ter que lidar com o possível retorno desses cidadãos vítimas da perseguição nazista. Nesse contexto, o Parlamento polonês, de maioria nacionalista, aprovou uma lei, em 9 de outubro de 1938, retirando a nacionalidade de poloneses que viviam no exterior há mais de cinco anos. Esse movimento desamparou ainda mais esses judeus "ex-poloneses" em solo alemão. Diante disso, o regime nazista decidiu deportá-los para a Polônia. Entre 27 e 29 de outubro, a polícia alemã reuniu 17 mil judeus e os encaminhou, em trens, para a fronteira no Leste. Eles haviam tido suas casas invadidas e sido obrigados a seguir para as estações ferroviárias portando apenas uma mala com alguns pertences. As posses que ficaram para trás acabaram pilhadas. Quem desobedeceu ou tentou fugir foi assassinado. Ao chegarem à fronteira, entretanto, foram barrados pela polícia polonesa. Esses judeus já não tinham cidadania, nem permissão de entrada, nem direitos. Se tentavam voltar para a Alemanha, eram barrados pelos oficiais nazistas. Presos na "terra de ninguém" acabaram assentados em campos de refugiados.

Uma das famílias deportadas era a de Sendel Grynszpan, costureiro residente em Hannover, preso e encaminhado para a fronteira junto com sua esposa, o filho mais velho e a filha. O filho mais novo, Herschel Grynszpan, não partilhou do destino por estar em Paris na ocasião. Ao tomar conhecimento do que sua família estava passando, o jovem de 17 anos entrou na embaixada alemã na capital francesa, puxou uma arma e atirou contra um funcionário em 7 de novembro de 1938, que morreria dois dias mais tarde. As notícias do episódio chegaram à Alemanha e coincidiram com as festividades do NSDAP pelo aniversário do Putsch de 1923. Em um movimento rápido, os nazistas decidiram "soltar a fúria popular": em um discurso, o ministro da Propaganda, Joseph Goebbels, indicou que o Estado não tomaria nenhuma posição sobre o ocorrido, mas que a "população cuidaria do caso". Essa frase desencadeou uma torrente de violência promovida por militantes nazistas, que presumiram ter carta branca para atacar judeus. Por telefone, a informação se espalhou entre os líderes regionais do partido e, depois, entre as lideranças municipais, que chamaram os militantes para iniciar os ataques. Nos dias seguintes, as cidades foram tomadas por diferentes formas de violência, entre as quais incêndios, depredações e destruição de sinagogas, cemitérios e estabelecimentos judaicos – mais de 200 construções foram atacadas. As vitrines das lojas de propriedade de judeus ficaram estilhaçadas – daí a referência a "cristais". Pessoas foram atiradas pelas janelas ou retiradas de suas casas para serem humilhadas nas ruas. Muitas foram espancadas. Na ocasião, policiais e bombeiros receberam instruções para deixar que a violência corresse solta, atuando apenas no caso de arianos estarem em perigo ou correndo risco de terem a casa afetada pelo fogo. Cerca de 100 judeus foram mortos, sem contar os inúmeros feridos pelos espancamentos e defenestrações. Como desdobramento desse *pogrom*, os campos de concentração receberam mais de 30 mil judeus presos. Nos meses seguintes, muitos desses prisioneiros foram libertados. Outros, maltratados, ficaram doentes e sem assistência médica. Como consequência, várias amputações ocorreram, e cerca de 450 dos prisioneiros da Noite dos Cristais acabaram morrendo nos campos.

Judeus sendo conduzidos para campos de concentração em 10 de novembro de 1938, na cidade de Stadthagen, no âmbito do *progrom*. (US Holocaust Memorial Museum)

O que aconteceu na Noite dos Cristais foi um verdadeiro *pogrom*, palavra herdada da Rússia czarista do século XIX que se refere a ações de grande violência direcionadas a grupos sociais específicos – em especial os judeus – com ampla participação popular, emocionalmente orientada e pouca ou nenhuma interferência das autoridades locais para coibi-las. Ações desse tipo já tinham uma história longa na Europa, desde a Idade Média, num rastro de violência, morte ou o deslocamento forçado das populações atingidas. Na própria Alemanha, em 1923, um *pogrom* já ocorrera no bairro judeu (o Scheunenviertel) em Berlim. A crise inflacionária e de emprego levou a um rumor de que os auxílios para desempregados haviam sido bloqueados e desviados pelos judeus. O boato provocou um levante e ataques contra estabelecimentos judeus e indivíduos nas ruas.

O *pogrom* de 1938 que se espalhou por toda a Alemanha pode ser considerado o último grande ataque antissemita antes da eclosão da Segunda Guerra Mundial, ou o primeiro grande passo para o genocídio. Iniciado o conflito, a violência escalonaria mais uma vez, com a estruturação do sistema concentracionário.

## O ANTISSEMITISMO NA PRÁTICA COTIDIANA

Para chegar à eclosão de um *pogrom* de dimensões nacionais, o antissemitismo na Alemanha nazista já havia passado por diferentes estágios, sempre reforçado e instigado pelo regime de múltiplas formas. Se nos primeiros meses da ditadura a maioria da população se mostrou incomodada com a desordem nas ruas provocada pela agressividade dos ataques aos judeus, no decorrer dos anos, essa crítica se retrai e aumenta a permissividade para com as ações nazistas. Além disso, em 1939 já se contam seis anos de um regime violento e repressor, que buscava conformar toda a população à sua ideologia por meio da propaganda, da educação e do controle dos meios de comunicação.

Se, por um lado, havia quem não nutrisse um sentimento antissemita, havia muitos outros que, compartilhando das mentiras nazistas, se engajaram diretamente na violência contra os judeus. Entre esses polos, estavam aqueles que "normalizavam" a violência racial, encarando-a de forma cínica, adotando a posição que era esperada em cada situação vivida. Da mesma forma que era possível para um alemão sustentar em público uma postura alinhada com o nacional-socialismo enquanto se posicionava contra alguns elementos de sua ideologia em determinados espaços, ou ainda manter diferentes máscaras ou condutas de acordo com o público, com o ambiente ou com o contexto, era possível ter diferentes apreensões e atitudes quando o tema era a "questão judaica" e a perseguição aos judeus. Uma variedade de tons de cinza podia coexistir na sociedade alemã, ainda que a aparência mais geral fosse a adesão completa ao antissemitismo promovido pelo Estado. No trato cotidiano, no convívio entre alemães e judeus durante o Terceiro Reich, muitas vezes essas nuances ficavam evidentes. Atitudes variadas, como a agressão direta e gratuita, autorizada e incentivada pelo regime, coexistiram com a empatia e até demonstrações de solidariedade para com judeus agredidos.

Em pesquisa a partir de entrevistas com sobreviventes do período, o historiador Sven Kellenhoff recupera que, na região da pequena cidade de Guntersblum, havia uma comunidade de poucas dezenas de judeus, bem demarcada e reconhecível para os demais cidadãos, o que se mostrava uma faca de dois gumes. Ações de apoio foram possíveis, como o caso da jovem alemã que ajudou na sobrevivência de uma família judia, indo todas as semanas ao mercado da cidade, então proibido aos judeus, e comprando para essa família os alimentos que não conseguia mais obter devido às restrições que a nova ordem impunha. A jovem acabou sendo proibida por seu pai de ajudar aquela família quando surgiu uma ameaça de denúncia para as autoridades locais. A eventual solidariedade era vigiada e delatada por aqueles alinhados com o regime, e o medo da repressão era seu maior freio.

Quando ocorre o *pogrom* de 1938, a percepção dos alemães também foi variada, de acordo com os relatórios de opinião pública feitos pelos nazistas a seu respeito. Alguns demonstraram certa empatia em relação aos judeus, outros criticaram a violência e a participação de jovens e crianças nos ataques e na pilhagem. Outros ainda, mais pragmáticos, argumentaram que a destruição de bens materiais era absurda, pois poderiam ter sido aproveitados pelo povo alemão. E houve ainda os que manifestaram receio dos efeitos que tais ações poderiam ter no exterior, com prováveis boicotes aos alemães.

Vergonha, ódio, medo e desprezo se mesclam nessas declarações, o que indica uma percepção social difusa em relação aos ataques antissemitas, mas também revela a grande indiferença que a maioria dos alemães sentia em relação à vida de seus vizinhos "não arianos". Indiferença construída pela constante desumanização dos judeus pela propaganda, pelas leis e normas antissemitas e pela educação nazista – um conjunto que inculcava e reforçava a ideologia nazista entre a população, enquanto a violência, a vigilância espraiada e a ação da polícia secreta garantiam que o medo e a suspeição sufocassem eventuais protestos.

Jovens e crianças também se engajavam nas agressões. Relatos de crianças judias que, ao sair da escola, eram xingadas, agredidas e apedrejadas por crianças arianas são abundantes. Essas agressões diretas respondiam a estímulos que vinham das disciplinas escolares de conteúdo racista, da propaganda nazista e, muitas vezes, da influência dos pais, familiares, colegas, membros da mesma igreja ou vizinhos. Relatos de crianças alemãs que, diante das agressões, abraçavam, acolhiam e acompanhavam as crianças judias até suas casas também existem, ainda que em menor número. Mas é preciso sublinhar que, entre a atitude de quem agride e a daquele que acolhe, existem testemunhas que se mostram indiferentes, que "normalizam" a situação de violência, que sentem medo e ficam imobilizadas, que não querem se envolver "para não chamar atenção". Todas essas posturas resultam na permissividade da violência e reforçam a confiança dos agressores.

Crianças em uniforme da Juventude Hitlerista em frente a uma placa onde se lê: "Judeus não são desejados em Behringersdorf".
(Deutsches Historisches Museum, Schönstein 2506. Otto Schönstein)

O estímulo para ser violento e agredir também vinha da construção da convicção e do incentivo a determinadas características de personalidade que surgiam na própria convivência entre crianças e jovens – não só pelo contato que ocorria nas organizações do NSDAP, mas também nas relações que se estabeleciam fora delas e mesmo antes da ascensão dos nazistas ao poder.

O historiador Andrew Bergerson, em sua pesquisa a partir de entrevistas com moradores de uma cidade média alemã, exemplifica contando que, quando frequentavam o centro comercial durante a República de Weimar, muitos jovens se viam entrando em um espaço diferente, do qual, em geral, não tinham suficiente poder aquisitivo para usufruir. Nessa época, ainda antes do regime nazista, os centros comerciais eram identificados com a modernidade e o capitalismo, algo externo e inacessível, o que gerava ressentimentos. A ascensão dos nazistas trouxe consigo duas mudanças significativas nessa percepção: uma explicação geral para esse mal-estar e situação (aqueles espaços seriam o da "modernidade judaica", onde os judeus se impunham em detrimento dos trabalhadores alemães); e uma possibilidade de mudança (a revolução conservadora), com um vislumbre da conquista daqueles espaços pelos e para os alemães. Isso serviu de combustível para transformar o ressentimento de muitos jovens alemães em ódio. As mudanças de percepção trazidas pela mensagem nacional-socialista não eram apenas projetadas pela propaganda, mas também disseminadas por jovens que se envolveram com as organizações nazistas antes mesmo de 1933.

Serão eles a levar tal mensagem aos demais rapazes e moças ainda não envolvidos pela política ideológica. Em seus uniformes da Juventude Hitlerista, chamarão atenção por sua disciplina, por seu porte atlético, pelo domínio da oratória e das narrativas mentirosas que o nazismo propagava. Condenarão o "conteudismo" das disciplinas das escolas, denunciarão o intelectualismo dos professores, professarão o racismo aos seus amigos e vizinhos arianos e estarão na primeira fila dos revolucionários conservadores.

As relações entre os jovens, nesse sentido, obedeciam a mesma lógica que abrangia toda a sociedade alemã no Terceiro Reich. Essa lógica gerava uma "normalidade anormal" e criava espaços sociais definidos pelo domínio da ideologia e do processo de alinhamento. Externando seu engajamento com o nazismo, os alinhados tinham maior liberdade no campo público.

Os judeus, por sua vez, viviam na Alemanha um cotidiano pautado pelo terror, apartados do mundo em uma bolha que poderia ser invadida e destruída a qualquer hora. A depender do momento e do contexto, suas formas de contato com os não judeus podiam variar, mediadas pela ideologia ou por princípios de convivialidade. Contudo, a decisão cabia sempre ao não judeu – como no caso dos alemães que falavam para seus amigos judeus que não queriam mais vê-los em suas lojas ou casas, pois era preciso dizer publicamente que eles não eram bem-vindos. Com o tempo, as fronteiras que separaram judeus de não judeus se reforçaram e se tornaram, até visualmente, mais ostensivas. Esse processo é uma parte importante da caracterização dos judeus não só como não arianos, mas, no extremo, como sub-humanos, parte de outra realidade. Cada vez mais isolados, descaracterizados e pressionados, os judeus se tornaram presenças quase impalpáveis e, no extremo, descartáveis. Tal dinâmica tornou possível o caminho para sua eliminação pelas mãos não apenas de fanáticos ideológicos, mas também de indivíduos bastante "normais". Essa premissa se mostra verdadeira quando historiadores buscam analisar o perfil dos perpetradores do genocídio.

O estudo de Christopher Browning, *Ordinary Men*, analisa o 101° Batalhão de reserva da polícia alemã e sua atuação no Holocausto. O batalhão foi deslocado em vários momentos da guerra para realizar tarefas como policiar cidades recém-ocupadas pelos exércitos, vigiar guetos, perseguir, prender e executar judeus nos territórios do Leste e dar apoio ao Exército em ações pontuais. O número de vítimas dessa unidade é extremamente alto: 39 mil judeus foram assassinados e outros 40 mil foram encaminhados pelos policiais para campos de extermínio. O que mais chama atenção é que o batalhão era composto de "gente comum", sem treinamento no assassinato em massa, sendo que muitos jamais haviam dado um tiro em outra pessoa antes. Outro aspecto importante: na transmissão das ordens, era dada a cada um deles a possibilidade de não participar diretamente dos assassinatos, e mesmo assim a grande maioria escolhia fazer parte. As razões para isso são variadas. A propaganda nazista vendia a imagem dos judeus como uma "sub-raça" que devia ser exterminada, e isso pode ter facilitado o cometimento dos crimes, mesmo para aqueles que não eram ideologicamente alinhados. Ordens foram dadas e esperava-se que fossem cumpridas, mas nem todos o fizeram. Contudo, dois impulsos parecem ter sido preponderantes: a ideia de realização de qualquer tarefa para obter atenção, mérito e destaque (o regime nazista, afinal, incentivava o desempenho e a produtividade que podiam levar a uma ascensão social e econômica) e o sentimento de companheirismo, de apoio e compartilhamento das tarefas, por mais difíceis e desprezíveis que fossem. Não era preciso, afinal, ser um fanático nazista para agir como se fosse um. A força da unidade grupal e da ambição motivava a participação nos atos criminosos; as (auto)justificativas morais e a tolerância à violência eram guiadas pelo imaginário antissemita e o enquadramento emocional projetado pelo regime. Eram essas as razões que conduziam os carrascos rumo à execução de "seu trabalho".

Mulheres prisioneiras conduzidas para execução em massa na Polônia, em 1940.
(Narodowe Archiwum Cyfrowe, 21-206-2)

## O HOLOCAUSTO

Todo o processo que leva ao extermínio, como exposto até aqui, é cercado de ambiguidades e flutuações. Até mesmo o projeto de extermínio não foi desde sempre a prioridade, e planos de expulsão e de deportação em massa chegaram a ser considerados. A guerra, entretanto, mudou a situação. Dentro de uma lógica de escalada de violência, de economia de guerra, de fechamento de fronteiras e de conquista de territórios, o genocídio passou a ser considerado uma alternativa viável e, no espírito dos nacional-socialistas, mais eficaz. Diante dessa constatação, estudos e experimentos foram conduzidos para guiar o planejamento do assassinato em massa definido em janeiro de 1942, em uma reunião ocorrida em uma casa de veraneio às margens do lago de Wannsee, no subúrbio de Berlim.

A Conferência de Wannsee, como ficou conhecida, colocou alguns dos representantes mais destacados do regime nazista para discutir os rumos da "questão judaica". Advogados, políticos e membros da SS não se reuniram para discutir *se* o extermínio aconteceria; essa decisão já havia sido tomada pela cúpula nazista em dezembro de 1941. Estavam lá para organizar *como* aconteceria. Visto que o processo de isolamento e de estigmatização dos judeus havia chegado a um novo nível com o decreto do uso obrigatório da famigerada estrela amarela, que os identificava imediatamente para qualquer observador, o próximo passo dos nazistas era deslocá-los do território alemão (ou seja, tirá-los da vista dos cidadãos do Reich) para, em seguida, eliminá-los.

Estrela amarela identificando seu portador como judeu. Seu uso se tornou obrigatório a partir de 19 de setembro de 1941, e ela devia ser costurada nas roupas do lado esquerdo do peito. (Deutsches Historisches Museum, 1991/2846.58)

O judeu que fosse pego nas ruas sem a estrela de identificação seria imediatamente encaminhado para um campo de concentração, dando início a um processo de retirada de circulação de todos os judeus das cidades alemãs. Essa medida diminuiu ainda mais as possibilidades de convivência entre judeus e arianos, pois a cultura da vigilância e do denuncismo que a ditadura incentivava era facilitada pela evidência visual, a estrela costurada na roupa.

Assim que, na reunião de Wannsee, foi estabelecida a logística que enredava a captura dos judeus, seu transporte em direção ao Leste, para os guetos ou para os campos e, por fim, seu assassinato, todas as engrenagens do regime nazista foram colocadas em movimento. Naquele momento, 200 mil judeus ainda viviam no território alemão. Muitas cidades começaram a se apressar para prender e enviar os seus judeus para longe, ansiosos que estavam para declarar, orgulhosamente, estarem "livres de judeus" (*judenfrei*).

A imensa maioria dos judeus foi presa e inserida no sistema concentracionário. Alguns (pouquíssimos) manejaram escapar das autoridades e viver até o final da guerra em fuga constante, com o eventual auxílio de amigos ou de estranhos, tanto na Alemanha quanto nos territórios ocupados. A jovem judia Marianne Ellenbogen, por exemplo, viu sua família ser presa. Seus parentes acabariam assassinados em Auschwitz, mas ela conseguiu sobreviver graças ao acobertamento de uma organização com cerca de 200 membros chamada *Bund – Comunidade para a Vida Socialista* (*Gemeinschaft für sozialistisches Leben*), que a acolheu em residências de membros do grupo, em diferentes cidades. Antes de ser perseguida, Marianne costumava participar de atividades promovidas pela *Bund*, como escaladas, caminhadas e piqueniques ao ar livre. Denúncias à Gestapo não conseguiram desestabilizar o grupo, que protegeu Marianne até a queda dos nazistas. Mais tarde, a jovem sobrevivente se casaria com um oficial britânico, partindo para viver em Liverpool. O caso de Marianne, entretanto, é uma exceção dentro dessa história de horrores.

A estrutura do genocídio promovido pelos nazistas contava com diferentes elementos. O primeiro deles eram os Einsatzgruppen, que, a exemplo do 101º Batalhão, assumiam missões de eliminação das elites e dos judeus das localidades que foram conquistadas pelo Exército no Leste. Em alguns casos, cidades inteiras foram destruídas pela ação desses agrupamentos, que abriam espaço para o assentamento de colonos alemães ansiosos para desenvolver o "espaço vital" recém-conquistado. Além disso, em algumas cidades da Polônia foram criados guetos para os quais a população judia de diversas localidades era enviada. Espaços superpovoados, nos quais a miséria e a sujeira imperavam, que serviam de entreposto entre a captura dos judeus e o envio para um campo. Eram locais abarrotados de gente, isolados da vida da cidade, sem estrutura sanitária adequada e com uma quantidade mínima de alimentos à disposição, repletos de ratos e marcados por doenças. Essa situação chegou a ser filmada pelos nazistas para "documentar" como era a vida dos judeus naquele espaço. A intenção era a produção de material propagandístico que "comprovasse" a natureza daquela que eles classificavam como sub-raça, ligando os judeus às doenças e pragas que proliferavam entre eles. A produção do "documentário" nazista sobre os guetos acabou não sendo finalizada; os rolos de filme foram descobertos após a guerra. Juntos, os dois principais guetos, de Varsóvia e de Lodz, chegaram a abrigar cerca de 700 mil judeus.

Os *campos de concentração* recebiam presos políticos, judeus, ciganos, homossexuais e demais "inimigos" dos nazistas nos primeiros anos do regime. Lá, muitos foram assassinados, outros morreram por doenças ou em decorrência dos maus tratos. Tais espaços, porém, foram erguidos dentro das fronteiras alemãs antes de haver uma determinação eliminacionista na política nazista. Dachau, nas redondezas de Munique, foi o primeiro campo de concentração a ser construído, e vários outros o seguiram, como Buchenwald, Sachsenhausen e Ravensbrück, o maior campo feminino. Desses campos partiam muitos prisioneiros para o trabalho forçado em indústrias, especialmente de produção de armamento (mas não só), e fazendas, mas também para *campos de trabalho forçado*, dentre os quais Auschwitz Monowitz é um dos principais exemplos. O complexo de Auschwitz, localizado no sul da Polônia, era a maior estrutura concentracionária, e contava tanto com campo de concentração quanto com o de trabalho e o de extermínio. Diferente dos campos de concentração e de trabalho, o único objetivo do campo de extermínio era a execução dos prisioneiros.

O primeiro *campo de extermínio*, Chelmno, foi construído em dezembro de 1941, na Polônia, e, até o seu fechamento, em 1944, lá foram mortas cerca de 300 mil pessoas de forma sistemática. Chelmno foi um dos primeiros lugares onde os experimentos de assassinato por gás ocorreram, antes de se tornar o principal modelo de execução dos campos de extermínio com a utilização do gás Zyklon B – o que não implicou o fim dos fuzilamentos. Somam-se a Chelmno os campos de Sobibór, Belzec, Majdanek, Treblinka (todos no leste da Polônia) e, claro, Auschwitz, onde se estima que mais de 1 milhão de prisioneiros tenham sido assassinados. Auschwitz e Majdanek destacam-se ainda por serem campos de extermínio com crematórios instalados para a incineração dos corpos das vítimas, um procedimento que visava dispor dos restos mortais de forma mais rápida e eficiente do que as grandes covas coletivas e fogueiras que eram organizadas nos demais campos, evidenciando o caráter industrial e massivo do genocídio. O processo de dispor dos cadáveres e inseri-los nos fornos era realizado por uma unidade especial chamada Sonderkommando, formada por prisioneiros judeus. Com isso, os nazistas resguardavam psicologicamente os soldados SS que faziam a segurança do campo. Quando alguém do Sonderkommando ficava doente, enfraquecido demais ou tivesse as faculdades mentais comprometidas, era também enviado para a câmara de gás e assassinado, sendo substituído imediatamente. Para além de Auschwitz, destaca-se ainda no âmbito geral dos campos de extermínio aquilo que ficou conhecido como Aktion Reinhard, batizada em homenagem ao organizador da Conferência de Wannsee e coordenador dos primeiros estágios do Holocausto, Reinhard Heydrich. A Aktion tinha como objetivo geral o extermínio de todos os judeus e ciganos do território ocupado da Polônia, e foi centralizada nos campos de Treblinka, Belzec e Sobibór. Na descrição do historiador Wolfgang Benz:

> A destruição de vidas humanas foi planejada e organizada em um sistema próprio nos campos de extermínio, os métodos eram diferentes daqueles dos *pogroms* e massacres, sendo dominados pelas leis da logística e da eficiência. Espaços apropriados foram

transformados em campos de extermínio; a racionalidade incluía uma localização remota, o que também servia para manter o sigilo. Por essa razão os campos foram montados no leste da Polônia. Um total de cerca de 1,75 milhão de judeus foram assassinados nos três campos da "Aktion Reinhard": 600 mil em Belzec, 900 mil em Treblinka, 250 mil em Sobibór.

### *A banalidade do Mal*

Uma das reflexões mais importantes – e muitas vezes mal compreendidas – sobre o Holocausto é a que foi feita pela filósofa Hannah Arendt por ocasião do julgamento de Adolf Eichmann na cidade de Jerusalém, em 1961. Eichmann era um comandante da SS que esteve presente em todo o processo de planejamento e organização da "Solução Final", inclusive na Conferência de Wannsee. Ficou responsável pela coordenação do transporte dos prisioneiros para os campos e guetos e, nesse processo, serviu, essencialmente, como um burocrata atento e disposto a realizar o melhor trabalho, o mais eficientemente possível.

Em seu relato sobre o julgamento de Eichmann, Arendt percebeu que esse burocrata não demonstrava remorsos, não era especialmente inteligente e, principalmente, não parecia o monstro que se esperava de um alto membro da SS, ativo no empreendimento do genocídio. De fato, ele não parecia entender o que fizera de errado, uma vez que apenas "cumpria as ordens dadas". O ponto central observado por Arendt é que Eichmann não se sentia culpado pelo genocídio, pois não estava nos campos de extermínio, não puxou o gatilho de um revólver, não assinou a condenação à morte de ninguém. Para ele, cumprir as ordens em seu escritório nada tinha a ver com as mãos sujas de sangue dos guardas dos campos; planejar, organizar, verificar os horários dos trens que passavam pelas cidades buscando prisioneiros ou levando os carregamentos de Zyklon B que seriam utilizados nas câmaras não eram ações que pudessem ser associadas com o ato de matar aquelas pessoas nos campos.

As reflexões de Arendt focaram no elemento pernicioso que tais estruturas burocráticas e de produção evidenciam: dentro de uma cadeia de comando ou de produção, buscando seu melhor desempenho, a maior produtividade, o burocrata ou o trabalhador irreflexivo, que não pensa nas consequências de suas pequenas ações cotidianas, não percebe seu lugar em um processo nocivo, violento e mortal. A *banalidade do mal* que Arendt aponta não está atrelada à ideia de que o mal está em todo lugar, acontece sempre ou de que ninguém se constrange ou se sensibiliza com sua existência. A banalidade do mal não é a sua repetição ou fruto de uma idiotização dos agentes, pelo contrário. Os agentes que são analisados podem ter razões instrumentais bastante aguçadas, ou seja, podem ser muito eficientes em seus trabalhos. Mas não refletem sobre ele. Eichmann era um burocrata irreflexivo e altamente técnico. Um oportunista que conhecia seu trabalho. O mal, aqui, é banal porque não é sequer percebido pelo agente. E então chegamos ao cerne da questão arendtiana: a irreflexão é a própria essência do mal.

Em 1944, um membro do Sonderkommando em Auschwitz chamado Alberto Errera tirou fotografias do cotidiano no campo de extermínio com uma câmera que foi contrabandeada para dentro do campo. As fotos foram repassadas para a resistência polonesa e serviram como alerta para o mundo do que ocorria nesses espaços. Aqui, uma pilha de corpos é queimada pelo Sonderkommando.

Os números totais de mortos no Holocausto giram em torno de 11 milhões, dos quais 6 milhões eram judeus. Esses números não deixam escapar o fato de que o maior motivador do genocídio foi o antissemitismo, e não "apenas" em seu caráter racista, mas também em suas razões sociais, econômicas e políticas. Nesse sentido, o Holocausto, que tem suas origens já nas perseguições iniciais dos judeus pelos nazistas e na construção dos campos de concentração, ganha amplitude no isolamento, no roubo de suas propriedades, nas torturas, humilhações e violências cotidianas impingidas durante os primeiros anos do regime. Então, atinge seu caráter eliminacionista com as deportações e com a criação dos guetos no Leste e chega a seu grau máximo nos campos de trabalho forçado e de extermínio, nos quais esses "inimigos do Reich" são assassinados de forma sistemática e planejada. Entretanto, apesar de as motivações serem claramente antissemitas, outros grupos caíram vítimas do assassinato em massa. Inimigos políticos, como comunistas e social-democratas, homossexuais, negros, testemunhas de Jeová, grupos étnico-nacionais, como os ciganos, os poloneses e os russos/soviéticos, além de deficientes físicos e mentais. Por conta dessa abrangência, existem esforços em delimitar especificamente o processo voltado contra as vítimas de origem judaica e o processo de construção de sua memória, aos quais se dá o nome de *Shoah* (a catástrofe). Também os ciganos buscam destacar as especificidades e a memória do genocídio que sofreram pelas mãos dos nazistas, dando visibilidade a seu sofrimento pela adoção do termo *Porajmos* (devorar) ao se referir ao Holocausto cigano.

A partir das experiências individuais dos sobreviventes, a literatura de testemunho nos lega um imenso material para compreender a dinâmica cotidiana nos campos, como o extermínio era operado, como os prisioneiros se relacionavam com seus verdugos e com os outros prisioneiros. Dentre esses relatos, um dos mais extensos e conhecidos é o legado pelo judeu italiano Primo Levi, que, entre memórias, ensaios, poemas e romances, produziu mais de uma dezena de obras que descrevem ou dialogam com a experiência nos campos.

## O cotidiano nos campos, por Primo Levi

[...] aprendemos ainda, uns mais, outros menos rapidamente, conforme o temperamento de cada um, a responder *Jawohl!*, a não fazer nunca perguntas, a fingir ter compreendido sempre. Aprendemos o valor dos alimentos; nós também, agora, raspamos o fundo da gamela, e a seguramos debaixo do queixo quando comemos pão, para não desperdiçar migalhas. Nós também, agora, sabemos que não é a mesma coisa receber uma concha de sopa retirada da superfície, ou do fundo do panelão, e já estamos em condições de calcular, na base da capacidade dos diversos panelões, qual é o lugar mais conveniente quando entramos na fila.

Aprendemos que tudo serve: o pedaço de arame, para amarrar os sapatos; os trapos, para envolver os pés; o papel, para forrar (embora proibido) o casaco contra o frio. Aprendemos que, por outro lado, tudo pode ser roubado; aliás, que é, automaticamente, roubado ao menor descuido, e para evitar isso tivemos que aprender a arte de dormir apoiando a cabeça numa trouxa feita com o casaco e contendo todos os nossos pertences, da gamela até os sapatos.

Já conhecemos em grande parte o regulamento do campo, que é absurdamente complicado. Inúmeras são as proibições: aproximar-se a menos de dois metros do arame farpado; dormir com o casaco posto, ou sem ceroulas, ou de chapéu na cabeça; usar os lavatórios e as privadas que são "só para Kapos (presos dos campos que fazem a vigilância e coordenação violenta dos outros presos; em geral corrompidos pelos privilégios que ganham para realizar essas tarefas)" ou só para os Reichsdeutsche (cidadãos alemães); não tomar ducha nos dias marcados, ou tomá-la fora desses dias; sair do bloco com o casaco desabotoado ou com a gola levantada; levar, por baixo da roupa, papel ou palha para se proteger do frio; lavar-se de outra maneira que não seja com o peito nu.

> Infindáveis e insensatos são os rituais obrigatórios: cada dia, de manhã, deve-se arrumar a cama, perfeitamente plana e lisa; passar nos tamancos barrentos a graxa patente para isso destinada; raspar das roupas as manchas de barro (as de tinta, gordura e ferrugem, pelo contrário, são admitidas); à noite, a gente deve submeter-se ao controle dos piolhos e ao da lavagem dos pés; aos sábados, fazer-se barbear e raspar o cabelo, cerzir ou fazer-se cerzir os farrapos; aos domingos, submeter-se ao controle geral da sarna e ao dos botões do casaco, que devem ser cinco.
>
> LEVI, Primo. *É isto um homem?* Rio de Janeiro: Rocco, 1988, p. 42-44.

Uma de suas reflexões que encontraram mais ressonância na historiografia está ligada à imagem da "zona cinzenta". Presente em seu livro *Os afogados e os sobreviventes*, ela é fruto de uma constatação sobre as relações entre os presos nos campos: não havia solidariedade entre os detentos, não havia alianças, apenas a luta individual pela sobrevivência. Isso ocorria em parte devido às experiências chocantes vividas pelos presos logo que chegavam aos campos – as agressões, os gritos, a separação das famílias (com algumas pessoas direcionadas imediatamente para as câmaras de gás) –, o encaminhamento para uma espécie de ritual de passagem que envolvia a todos, homens, mulheres e crianças, obrigados a ficar nus, tinham suas cabeças raspadas, eram "higienizados" e, em seguida, recebiam uniformes, que continham o número que os identificava e um símbolo em formato de triângulo (verde para criminosos, preto para "associais", vermelho para prisioneiros políticos, rosa para homossexuais) ou estrela (amarela para judeus). Em determinados campos, especialmente em Auschwitz, os prisioneiros também tinham seu número de ingresso tatuado no braço. Esse processo de quebra do moral dos indivíduos continuava com a violência cotidiana, a subnutrição e os trabalhos diários e marchas a que os prisioneiros eram submetidos. Aprofundava-se quando verificavam que havia prisioneiros que recebiam privilégios dentro da estrutura concentracionária por fazer uma ponte entre os soldados da SS e os prisioneiros comuns – por vezes, eram os que mais gritavam e agiam violentamente. Eles eram os "prisioneiros-funcionários", chamados *Kapos*, que lutavam para manter esses privilégios e ter, assim, mais chances de sobrevivência, personificando a "zona cinzenta", pois eram essencialmente parte dos "inimigos do Reich", mas se curvavam aos verdugos de seu povo em favor de sua sobrevivência pessoal. A "zona cinzenta" – afirma Levi – é uma zona de "ambiguidade que se irradia dos regimes fundados no terror e na obediência", na qual a distância entre as vítimas e os carrascos do regime é coberta por atitudes e ações de diferentes tonalidades. Em suas ações diárias, para que não lhes restasse qualquer fibra moral e estivessem, com isso, implicados, manchados para sempre diante dos outros prisioneiros, os *Kapos* eram incumbidos de tarefas violentas, lidando de forma direta com as punições e os assassinatos de seus semelhantes. É preciso sublinhar, contudo, que esse é um processo que não lhes infunde culpa, pois a culpa, segundo Levi, deve recair apenas sobre o sistema concentracionário, que insere os *Kapos* na lógica brutal da sobrevivência possível.

* * *

A eliminação física dos judeus era um objetivo ideológico desde o início do movimento nazista ou o genocídio surgiu como uma resposta ao contexto que se apresentava na guerra, em 1941?

Essa pergunta, lançada pela historiografia há décadas, ainda hoje gera controvérsias. Não há resposta absoluta e definitiva, mas alguns pontos precisam ser mencionados para se desenvolver uma reflexão coerente. O primeiro é que o discurso antissemita, desde o início, fala da exclusão de qualquer prerrogativa de cidadania daqueles que não pertencem ao povo, em especial o judeu. Entre os 25 pontos do Programa do NSDAP existem propostas nesse sentido em relação aos que não têm "sangue alemão" e indicam nominalmente que os judeus não poderiam ser cidadãos alemães. Afirmam que aqueles que não são cidadãos só podem viver na Alemanha como convidados, ou seja, admitem a possibilidade de residência dentro do país dos considerados não alemães. Ao mesmo tempo, entretanto, o movimento nazista propaga um discurso extremamente essencialista, vinculando determinados valores às diferentes "raças" e enfatizando a necessidade de "limpeza" da nação ou a associação do judeu a doenças e vírus que precisam ser eliminados para que o corpo nacional seja forte e saudável. Fica claro, portanto, que o discurso é de fato eliminacionista.

Historiadores intencionalistas enxergam nesses predicados a intenção de eliminação física dos judeus em todo o movimento, e a *Shoah* como a expressão última de seu fervor ideológico. Já historiadores funcionalistas focam nas políticas graduais de limitação da cidadania e incentivos à emigração dos judeus, na busca por sua expulsão da Alemanha, nos planos que apresentam estratégias de ganhos materiais, mas não necessariamente de eliminação física dos judeus. Para esses historiadores, é a guerra que traz consigo a busca por uma solução da "questão judaica" (*Judenfrage*) que possa ser empreendida em um contexto no qual expulsões e deportações não eram mais possíveis. Além disso, a invasão da Polônia e a ação dos Einsatzgruppen, que eliminavam os judeus em avanços brutais pelo território conquistado, demonstraram então a possibilidade do assassinato em massa como "solução final". Dessa forma, em algum momento do segundo semestre de 1941, antes da invasão alemã à União Soviética, a decisão teria sido tomada.

Em essência, a controvérsia se dá na forma como cada corrente compreende a perseguição aos judeus. Para os intencionalistas, o genocídio ocorreu por força das emoções, do ódio que moveu a política antissemita dos nazistas, em ondas cada vez mais violentas que, de modo inevitável, chegaria à aniquilação. Já para os funcionalistas, o foco reside na racionalidade do sistema, em sua lida com a modernidade, com cálculos econômicos, com análises demográficas, com a busca pela eficácia e pela produtividade dos planejamentos.

Em toda a trajetória da experiência nazista, a lógica da racionalidade utilitarista e voltada para a eficácia parece estar na dianteira das decisões tomadas, ainda que a ideologia esteja sempre presente, em pano de fundo. É isso que ocorre na organização do programa T4 de eliminação dos alemães com deficiências, ou nos sequestros de crianças do Leste que tivessem traços arianos pela "melhoria" da raça, organizados no âmbito do programa Lebensborn, da SS. Tal observação faz com que hoje a maior parte dos historiadores se incline, com nuances, para a linha funcionalista, ou seja, o reconhecimento do princípio de racionalidade irreflexiva e amoral está na base de suas argumentações.

Entretanto, é impossível separar da racionalidade irreflexiva a ideologia, pois se uma se mostra o *modus operandi* para a tomada de decisões, a outra é a base do princípio de ação do próprio regime. Ao final, é a violência irrestrita que pavimenta o caminho para Auschwitz, e ela bebe de ambas as fontes.

## BIBLIOGRAFIA RECOMENDADA

Bauman, Zygmunt. *Modernidade e Holocausto*. Rio de Janeiro: Zahar, 1998.
Didi-Huberman, Georges. *Imagens apesar de tudo*. São Paulo: Editora 34, 2020.
Guterman, Marcos. *Holocausto e memória*. São Paulo: Contexto, 2020.
Levi, Primo. *A trégua*. São Paulo: Companhia das Letras, 2010.
Von Oelhafen, Ingrid; TATE, Tim. *As crianças esquecidas de Hitler*. São Paulo: Contexto, 2017.
Wiesel, Elie. *A noite*. São Paulo: Sextante, 2021.

## FILMOGRAFIA RECOMENDADA

Pierson, Frank (dir.). *Conspiração*. Estados Unidos e Inglaterra, 2001. 96 min.
Polanski, Roman (dir). *O pianista*. Alemanha, França, Polônia e Reino Unido, 2002. 150 min.
Roehler, Oskar (dir.). *Judeu Süss – ascensão e queda*. Alemanha, 2010. 100 min.
Simoneau, Yves (dir.). *O Julgamento de Nuremberg*. Canadá e Estados Unidos, 2000. 180 min.
Spielberg, Steven (dir.). *A lista de Schindler*. Estados Unidos, 1993. 195 min.
Von Trotta, Margarethe (dir.) *Hannah Arendt*. Alemanha, 2013. 113 min.

# DEPOIS DE 1945

Racismo, genocídio, destruição, expropriação, tortura e uma guerra mundial. A brutalidade do nazismo deixava clara sua marca na História antes mesmo da queda do regime. A derrota da Alemanha na guerra, contudo, abriu espaço para reflexões mais profundas sobre a violência, a natureza humana e o Direito.

Diante das atrocidades cometidas pelos nazistas, ficou clara a necessidade de novas estruturas e formas de lidar com esses criminosos. Ao final da Segunda Guerra Mundial, as potências aliadas organizam um tribunal especial para o julgamento dos líderes nazistas capturados.

Na ausência de alguns dos principais nomes do regime, como o ministro da Propaganda, Joseph Goebbels, o líder da SS, Heinrich Himmler, e, claro, Adolf Hitler, foram processados Hermann Göring (considerado o segundo nome do regime por boa parte dos 12 anos da ditadura), Albert Speer (ministro do Armamento e um dos nomes mais próximos do Führer), Rudolf Hess (nazista de primeira hora, ministro do Reich), Ernst Kaltenbrunner (alto dirigente da SS), Hans Frank (governador-geral da Polônia), Baldur von Schirach (líder da Juventude Hitlerista), entre outros. Com uma amostra bastante significativa da cúpula nazista – 24 réus –, os Aliados fundamentaram o julgamento, que ocorreu na cidade de Nuremberg, em quatro acusações: conspiração contra a paz, planejamento de guerra de agressão, crimes de guerra contra os soldados e os civis inimigos e crimes contra a humanidade. Esta última acusação gerou uma nova disposição do Direito Internacional que colocou em evidência "atos desumanos", que vão desde a perseguição sistemática, passando pela escravização até o genocídio. Onze dos acusados foram julgados culpados e sentenciados à morte; um deles, entretanto, não foi executado: Hermann Göring se suicidou antes de ser levado ao cadafalso.

O Tribunal de Nuremberg foi o que ganhou maior projeção por colocar no banco dos réus a cúpula nazista sobrevivente. Não foi o único, entretanto. Dezenas de tribunais e de processos se seguiram, dentre os quais se destacaram os Processos de Auschwitz, entre 1963 e 1968, quando um júri sediado em Frankfurt julgou soldados da SS e funcionários ligados ao campo de extermínio. Pouco antes, em 1961, ocorrera em Jerusalém o julgamento de Adolf Eichmann, capturado na Argentina e condenado à morte por um júri israelense.

A exposição dos crimes cometidos durante o Terceiro Reich levou também ao reconhecimento da inevitabilidade de uma reflexão sobre os Direitos Humanos. Na esteira do fim do conflito, isso foi colocado em pauta pela então recém-criada ONU. A Declaração Universal dos Direitos Humanos, proclamada em 10 de dezembro de 1948, deixou evidente a preocupação em denunciar e evitar que surgissem movimentos como o nazista. Guerras, racismo e violência não deixaram de existir, mas, sem dúvida, Auschwitz marcaria a partir de então as percepções do mundo, em especial o Norte Global, sobre a questão da dignidade humana. Apenas mais tarde, contudo, é que uma reflexão mais ampla e mundial sobre Direitos Humanos ganharia corpo. Nela, o nazismo, em todas as suas manifestações violentas e expansionistas, continuaria a servir como referência.

Como os alemães, que haviam participado, apoiado ou tolerado a instituição de um regime racista, antissemita, ultranacionalista e militarista, lidaram com a queda da ditadura nazista? E como essa queda afetou os indivíduos na Alemanha, em seu cotidiano e perspectivas de futuro?

Para os alemães comuns, o primeiro acerto de contas com seu passado se deu com os tribunais de desnazificação levados a cabo em cada uma das quatro zonas de ocupação administradas respectivamente por França, Estados Unidos, Grã-Bretanha e União Soviética. Esses tribunais tinham como propósito julgar a população comum por crimes ligados às práticas nazistas e preparar a sociedade alemã para a transição de regime. Considerando que eram cerca de 8,5 milhões os membros do NSDAP ao final da guerra, o processo tomou dimensões gigantescas e foi, em muitos sentidos, simplificado. Por determinação conjunta dos Aliados, as sentenças deveriam apontar para um de cinco resultados: culpados principais, culpados, culpados menores, seguidores ou inocentes. Apesar disso, houve uma diferença no rigor das punições: na região administrada pela URSS, foram considerados inocentes cerca de 12% dos casos analisados, enquanto nas outras áreas esse índice variou entre 40% e 55%. Essa diferença faria com que os alemães no território oriental, no que viria a ser a República Democrática da Alemanha, conferissem a esse procedimento um aspecto definidor de identidade: de acordo com o discurso dominante, o nazismo teria sido expurgado de sua convivência, logo, eles viveriam um novo período, em um regime não só tutelado por uma das potências vencedoras da guerra, a URSS, como em permanente combate contra o nazismo e o fascismo e tendo antigos resistentes comunistas e social-democratas como os seus principais líderes. Conforme a nova ditadura instaurada na Alemanha Oriental, o nazismo estava do outro lado do muro.

O procedimento de desnazificação seguia um sistema bem estabelecido: os alemães eram convocados a preencher formulários e indicar suas ações, atividades e disposições em relação ao nacional-socialismo e seu regime. Após análise por uma junta julgadora, um dos cinco vereditos era dado, junto da definição da pena: afastamento de funções, proibição de participação da vida pública, multa, encarceramento ou pena de morte.

Contudo, muitos nazistas envolvidos na administração pública acabaram sendo reabilitados para que pudessem reassumir suas antigas posições e recolocar o Estado em movimento. Esse expediente ocorreu em uma escala bem menor na zona de ocupação soviética, pois lá os militantes comunistas e social-democratas que já tinham conhecimento do aparato burocrático foram considerados adequados para ocupar postos administrativos e fazer o serviço necessário. Nessa zona, portanto, ocorreu uma desnazificação mais rigorosa. Já nas zonas dominadas por ingleses, franceses e americanos, o processo de desnazificação foi mais brando, pois se priorizou a volta dos funcionários burocráticos ao trabalho.

Também as escolas sofreram um processo de desnazificação, mas, devido ao risco de não haver professores suficientes para assumirem as aulas – pois professores contavam entre as categorias com maior número de filiados ao NSDAP –, ele foi rápido e pouco rigoroso. A preocupação em reconstruir as escolas e o sistema escolar foi considerada mais urgente em face de crianças e jovens que vagavam pelos escombros das cidades alemãs depois dos bombardeios e batalhas urbanas.

Aliás, as imagens das crianças perambulando por cidades arrasadas enquanto os adultos limpavam, reconstruíam e lidavam com seu passado nazista fazem parte de algumas das memórias mais profundas daquele período pós-guerra. Na Alemanha, homens e mulheres tiveram que lidar com as consequências da derrota na guerra, com o mal-estar advindo da publicização do genocídio perpetrado pelos alemães, e mulheres, em particular, com a violência com que as tropas aliadas agiam em solo alemão. Uma onda de suicídios tomou o país no ano de 1945, seja por medo do futuro, por depressão ou por convicções ideológicas.

Décadas mais tarde, depoimentos colhidos entre pessoas que viveram sua infância naquela época mostram que, naquele contexto, as próprias crianças se percebiam como desimportantes e mesmo um peso para suas famílias. Ao mesmo tempo em que se sentiam distantes dos pais, elas se viam como responsáveis pela harmonia, pela alegria, em famílias nas quais as emoções eram muito pouco partilhadas. Fardos psicológicos evidentes foram carregados pelas crianças do pós-guerra, gerando comportamentos muito específicos ao se tornarem adultos: o medo de descobrir que seus pais tivessem sido nazistas fez com que o período da guerra se tornasse um assunto tabu. Pareceu mais confortável conviver com o silêncio, por vezes apenas assumindo a culpa coletiva que os alemães carregavam, e projetar a ideia de que os pais teriam sido vítimas de uma ditadura, do que enfrentar a realidade de que eles não só tinham sido coniventes com o regime como também participado de fato nos diversos crimes nazistas. Num ambiente pautado pelo medo e pela vergonha se constrói uma "cultura do silêncio", que vai vigorar pelas décadas seguintes.

Pesquisadores como Sabine Bode e Harald Welzer estudaram as gerações pós-guerra e as memórias familiares que elas carregavam em relação ao regime nazista. Suas conclusões apontam para certa continuidade dessa cultura do silêncio entre os netos dos alemães que vivenciaram a guerra, mesmo após décadas de divulgação de fatos, discussões, pesquisas históricas e construção de uma memória quase global sobre a violência alemã e o Holocausto. Mesmo conhecendo o panorama geral – aspectos do conflito mundial, das perseguições, da brutalidade e do genocídio – e denotando alguma noção de responsabilidade, indicando a compreensão da natureza do regime nazista e mostrando-se favoráveis ao mote "é preciso lembrar para que não ocorra novamente", aqueles netos recusavam-se a imaginar seus avós envolvidos, não como vítimas, mas como algozes, com o regime que tão bem conheciam.

Uma ampla política de memória desenvolvida na Alemanha, em especial a partir da Reunificação, em 1990, baseada na educação, na comunicação e na construção de memoriais, tem procurado mostrar a responsabilidade de todos diante das chances permanentes de ressurgir o ódio na política, as perseguições raciais e mesmo a prática do genocídio.

Como este livro demonstrou, através da análise do nazismo não apenas como uma ideologia ou como estrutura de poder, mas também como experiência, é possível que os alemães da época nazista tenham sido tanto vítimas quanto participantes ativos do regime. Podem ter assumido os dois papéis e muitos outros, variando conforme a conjuntura, a possibilidade e as fraquezas de cada um. Atribuir a culpa unicamente a um líder megalomaníaco e a preconceitos multisseculares exonera, portanto, não apenas participantes ativos, como também aqueles que se beneficiaram ou, simplesmente, não quiseram se prejudicar no processo de nazificação da Alemanha e acabaram vivendo uma vida bastante "normal" dentro daquela anormalidade. A nazificação da vida e das experiências cotidianas encerrava em si atitudes e posicionamentos nem sempre claros ou evidentes. Um olhar crítico sobre o nazismo nos permite entender as diferentes formas de convivência que os alemães desenvolveram para lidar com a ideologia e com o regime, e como a normalização da intolerância e da violência pôde abrir espaço para o império do terror.

# O autor

**Vinícius Liebel** é historiador, doutor em Ciência Política pela Universidade Livre de Berlim (FU-Berlin). Professor de História Contemporânea na Universidade Federal do Rio de Janeiro (UFRJ), realiza pesquisas sobre a história contemporânea da Europa e as sociedades europeias, em especial a alemã, com foco no nazismo, no autoritarismo e na cultura. Na Alemanha, publicou *Politische Karikaturen und die Grenzen des Humors und der Gewalt*, sobre as charges do jornal antissemita *Der Stürmer*. No Brasil, é autor de *Os alemães* (Editora Contexto).

**GRÁFICA PAYM**
Tel. [11] 4392-3344
paym@graficapaym.com.br